Wem der große Wurf gelungen...
Aus dem Briefwechsel
Friedrich Schillers und Christian Gottfried Körners
in Schillers Jenaer Zeit 1789-1799

für Alexandra

Wem der große Wurf gelungen...

Aus dem Briefwechsel Friedrich Schillers und Christian Gottfried Körners in Schillers Jenaer Zeit (1789-1799)

Herausgegeben von
Christine Theml

ISBN 3-910141-49-8

Jenzig-Verlag Gabriele Köhler
Briefadresse: PF 100219, Jena 07702
Tel. 036427-71391
mail@jenzigverlag.de
www.jenzigverlag.de

1. Auflage 2001
1500 Exemplare

Titel: Gerlinde Böhnisch-Metzmacher
Gestaltung: Gabriele Köhler

Printed in Germany
Scans: Satzstudio Sommer
Druck: Elbe-Druckerei Wittenberg
Buchbinderische Weiterverarbeitung:
Kunst- und Verlagsbuchbinderei GmbH Leipzig

Papier und Karton chlor- und säurefrei gebleicht

Vorbemerkung

Die Idee zur Herausgabe einer gekürzten Fassung des Briefwechsels zwischen Friedrich Schiller (10. 11. 1759 - 9. 5. 1805) und Christian Gottfried Körner (2. 7. 1756 -13. 5. 1843) wurde aus dem Bedauern heraus geboren, dass dieser weder im Buchhandel noch antiquarisch zu erwerben ist. Obwohl inzwischen viele Biografien zu Schiller erschienen sind, kommt dem Briefwechsel Schiller-Körner als authentische Quelle eine besondere Bedeutung zu. Friedrich Hebbel schreibt, dass „erst nach dem Briefwechsel Schiller-Körner eine gültige Biographie des Dichters“ geschrieben werden könne, so reich an biografischen Bezügen seien die Briefe. Dies nachzuvollziehen, soll der heutige Leser wieder Gelegenheit bekommen.

Für dieses Vorhaben werden aber nur die Briefe aus den zehn Jenaer Jahren Schillers (1789-1799) berücksichtigt, aus der für seine Entwicklung und für sein Schaffen entscheidenden Zeit, in der Schiller und Körner eine rege Korrespondenz pflegten.

Friedrich Schiller war drei Jahre jünger als der spätere Freund. Als er Körner 1785 kennenlernte, hatte er ein Medizinstudium hinter sich, die Flucht aus der Heimat mit allen Konsequenzen überstanden und drei Dramen verfasst. Zwei mit Körners verbrachte Jahre in Dresden und Loschwitz und zwei Jahre in Weimar gingen Schillers Jenaer Zeit voraus. Ihr intensiver brieflicher Austausch lässt uns heute in Auszügen Einblick in das gesellschaftliche Leben der Zeit und das persönliche wie geistige Leben der beiden Freunde nehmen.

In Schillers Briefen erfährt der Leser vom Aufsehen um Schillers Antrittsvorlesung, von Schillers Verhältnis zu den Jenaer Professorenfamilien und zur Stadt, von der Ehe mit Charlotte von Lengefeld, vom Vaterwerden, von der Reise in die schwäbische Heimat, von den Freundschaften mit Goethe und Wilhelm von Humboldt und immer wieder vom Ringen um sein Werk. Daneben ziehen sich durch viele Briefe Schillers finanzielle Sorgen und gesundheitliche Nöte.

Christian Gottfried Körner erscheint als anregender Partner, dem Schiller seine Ideen und Werke zumeist als erstem zukommen ließ. Auf Grund seiner gründlichen Ausbildung und seiner Weltgewandtheit, die er sich u. a. bei größeren Reisen erworben hatte, war Körner in der Lage, Schillers Ideen, Pläne, Entwürfe und Werke kritisch und doch konstruktiv zu beurteilen. Vor allem ermunterte er Schiller immer wieder, die Dichtung im Blick zu behalten, hier liege seine Begabung. An des Freundes historischen Arbeiten konnte Körner nicht viel Vergnügen finden. Er mahnte: „Ich komme immer darauf zurück, daß Du nicht berufen bist, ein Gelehrter, sondern ein Künstler zu sein." Körner berichtete Schiller von seinem Leben als Familienvater, seiner Laufbahn als Jurist, beriet Schiller in der Literaturauswahl, verschaffte ihm auch notwendige Werke und beteiligte sich selbst, wenngleich nicht ohne Mühe, mit Beiträgen an Schillers Zeitschrift „Die Horen".

Schon bald nach Schillers Tod ließ sich Körner seine Briefe an den Freund von Charlotte Schiller aushändigen. Sein tiefes emotionales Verhältnis zu Schiller hinderte ihn vermutlich daran, sie zu publizieren, aber in Körners Nachlass fand sich der Briefwechsel wohlgeordnet.

Die erste Ausgabe erschien 1847 beim Verlag Veit und Comp., 1859 folgte eine zweite Ausgabe mit einem Vorwort des Verlegers. 1874 und 1878 wurden nacheinander zwei Ausgaben von Karl Goedecke besorgt, nach Abschriften der Briefe, die Originale waren in alle Winde verstreut. 1892 wurde der Briefwechsel erneut herausgegeben, diesmal von Ludwig Geiger, der den Originalen nachgespürt hatte und nun keine Rücksicht mehr auf lebende Personen nehmen musste. Die jüngste vollständige Ausgabe stammt von Klaus L. Berghahn aus dem Jahre 1973. Dem von mir ausgewählten Briefwechsel wurde die Schiller-Nationalausgabe zugrunde gelegt, in der die Briefe so vollständig wie möglich enthalten sind.

In der Schiller-Forschung spielt der Briefwechsel vor allem auf Grund der Auseinandersetzungen der Freunde über Fragen der Ästhetik und der wahren Kunst eine große Rolle. Dennoch wurden diese Abschnitte, die eine intensive theoretische Diskussion idealistischer Kunstauffassungen dokumentieren, in der vorliegenden Auswahl bewusst ausgespart. Das gemeinschaftliche Ringen um eine Theorie des Schönen ist in den „Kallias-Briefen" in verschiedenen Werkausgaben bis heute dokumentiert, während die Mehrzahl der Briefe nur in längst vergriffenen Ausgaben vorliegt.

Das Augenmerk gilt in dieser Ausgabe den Briefen, die den Austausch über alltägliche Fragen und Probleme zum Inhalt haben und vorwiegend persönliche Angelegenheiten berühren. Die hier vorliegenden Briefe Friedrich Schillers und Christian Gottfried Körners leben vom außerordentlich vielseitigen Gedankenaustausch der beiden Freunde, die sich räumlich fern und geistig so nah waren.

Dankenswerterweise konnten der Schiller-Nationalausgabe mit Genehmigung des Verlags Böhlaus Nachfolger Weimar GmbH ausgewählte Briefe entnommen werden und liegen erstmals in dieser Zusammenstellung vor.

Christine Theml, im September 2001

Friedrich Schiller an Christian Gottfried Körner

Weimar, Neujahr (1. und 5. Januar) 1789.
Donnerstag und Montag.

Ich muß euch doch auch ein schönes Neues Jahr wünschen, aber für jezt nur in Prosa. Verlängre euch der Himmel das, was ihr bisher gutes genoßen habt, und helfe euch vom Schlimmen!

Mit 1788 hat meine bisherige weltbürgerische Lebensart ein Ende, und ich werde in diesem als ein unnützer Diener des Staats erscheinen.

Bertuch geht eben von mir, und hat meinen Muth durch eine sehr tröstliche Dienstleistung aufgerichtet. Er will mir einen Verleger, der solvendo ist und über den er ganz zu disponieren hat für die Entreprise mit den Memoires schaffen, und verspricht mir daß mir der Bogen 1 Carolin bezahlt werden soll. Doch unter der Bedingung, daß ich meinen Nahmen zu dem Werke setze, und jeden Band mit einer eigenen historischen Abhandlung noch versehe. Dieses Unternehmen sichert mir bey dieser neuen Carriere meine Existenz hinlänglich, und ohne mir viele Zeit wegzunehmen. Mit 3 Stunden des Tags habe ich alles abgethan wovon ich lebe. Mit den übrigen 9 kann ich, wie ich hoffe, vollkommen für das Studium der Geschichte und die Vorbereitung zu den Collegien ausreichen. Zugleich ist die Uebersetzung der Memoires nicht von meinem Plan entlegen, und ich lebe eo ipso um so mehr in der Geschichte...

Im Ganzen freue ich mich doch auf dieses unendliche Feld, das durchzuwandern ist, und die deutsche Geschichte besonders will ich in der Folge ganz aus ihren Quellen studieren...

Ueber mein Profeßorwerden sollst Du, wie ich hoffe, schon noch mit mir einig werden... Es ligt mir alles daran, binnen 2 Jahren zu einer Besoldung zu gelangen, die mich ganz in Ansehung meiner Subsistenz sichert, und einen gründlichen Fond zur Tilgung meiner Schulden gibt. Diese lezte verbittern mir das Leben – und bey dieser Seelenlage ist es ganz und gar um schriftstellerische Thätigkeit gethan. Ich schmachte nach Ruhe nach Freyheit, und nur der jetzige Schritt konnte mich dazu führen. Du weißt nicht, wie Profeßoren mit Nahmen jezt gesucht werden, und meistens mit sehr ansehnlichen Bedingungen. Mir kann es in einigen Jahren schlechterdings nicht fehlen, und dann erst fange ich an, zu seyn. Meine jetzige Lage verzehrte mein ganzes Wesen und ich hätte sie nicht länger ertragen.

Lebe wohl. Nächstens ein weiteres. Grüße alle herzlich

Dein
Schiller.

***

Friedrich Schiller an Christian Gottfried Körner

Weimar den 17. (und 22.) Jenner. 89
Sonnabend und Donnerstag.

... Eben schreibt mir Bertuch, daß es mit Mauken in Jena wegen der Memoires berichtigt ist. 4 Bände des Jahrs jedes ein Alphabet, der Bogen 1. Carolin. Davon kann ich leben, und Dir noch ganz scharmant den 4ten Theil an den Werken cedieren. Mit Johannis soll der Druck angefangen werden...

Stelle Dir vor, daß mir der Geisterseher anfängt, lieb zu werden, und jezt, da ich ihn hineilen muß... Ich habe dieser Tage ein philosophisches Gespräch darinn angefangen, das Gehalt hat. Ich mußte den Prinzen durch Freygeisterey führen.

Lebe wohl. Schreib mir bald wieder. Ich lebe jezt fast nur von meinen Arbeiten meinen Hofnungen und Dir. Grüße mir die Weiber recht herzlich.

Schiller

***

Friedrich Schiller an Christian Gottfried Körner

Weimar, 2. Februar 1789. Montag.

...

Jetzt quält es mich schon fast den ganzen Winter, daß ich mich nicht an das Schauspiel machen kann, das ich in Rudolstadt ausheckte (Die Malteser – C. T.). Es würde mich glücklich machen – und das, was mich jetzt beschäftigen soll, vielleicht Jahre lang beschäftigen muß, ist von dem Lichtpunkte meiner Fähigkeiten und Neigungen so himmelweit entlegen. Daß ich über dieses Hinderniß siegen werde, glaube ich wohl, aber ob mir auch wohl dabei sein wird, ist eine andere Frage. Das ist indessen richtig, daß diese Diversion, besonders wenn sie einige Jahre dauert, einen sehr merklichen Einfluß auf meine erste dramatische Arbeit haben wird, und wie ich doch immer hoffe, einen glücklichen. Als ich während meines akademischen Lebens plötzlich eine Pause in meiner Poeterei machte und zwei Jahre lang mich ausschließend der Medicin widmete, so war mein erstes Product nach diesem Intervall doch gleich die Räuber. Was ich auch auf meine einmal vorhandene Anlage und Fertigkeit Fremdes und Neues pfropfen mag, so wird sie immer ihre Rechte behaupten; in anderen Sachen werde ich nur in soweit glücklich sein, als sie mit jener Anlage in Verbindung stehen; und alles wird mich am Ende wieder darauf zurückführen. In acht Jahren wollen wir einander wieder daran erinnern...

Oefters um Goethe zu sein, würde mich unglücklich machen: er hat auch gegen seine nächsten Freunde kein Moment der Ergießung, er ist an nichts zu fassen; ich glaube in der That, er ist ein Egoist in ungewöhnlichem Grade. Er besitzt das Talent, die Menschen zu fesseln, und durch kleine sowohl als große Attentionen sich verbindlich zu machen; aber sich selbst weiß er immer frei zu behalten. Er macht seine Existenz wohlthätig kund, aber nur wie ein Gott, ohne sich selbst zu geben – dies scheint mir eine consequente und planmäßige Handlungsart, die ganz auf den höchsten Genuß der Eigenliebe calculirt ist. Ein solches Wesen sollten die Menschen nicht um sich herum aufkommen lassen. Mir ist er dadurch verhaßt, ob ich gleich seinen Geist von ganzem Herzen liebe und groß von ihm denke. Ich betrachte ihn wie eine stolze Prude, der man ein Kind machen muß, um sie vor der Welt zu demüthigen, und an meinem guten Willen liegt es nicht, wenn ich nicht einmal mit der ganzen Kraft, die ich in mir aufbieten kann, einen Streich auf ihn führe, und in einer Stelle, die ich bei ihm für die tödtlichste halte. Eine ganz sonderbare Mischung von Haß und Liebe ist es, die er in mir erweckt hat, eine Empfindung, die derjenigen nicht ganz unähnlich ist, die Brutus und Cassius gegen Caesar gehabt haben müssen; ich könnte seinen Geist umbringen und ihn wieder von Herzen lieben. Goethe hat auch viel Einfluß darauf, daß ich mein Gedicht gern recht vollendet wünsche. An seinem Urtheile liegt mir überaus viel. Die Götter Griechenlands hat er sehr günstig beurtheilt; nur zu lang hat er sie gefunden, worin er auch nicht unrecht haben mag. Sein Kopf ist reif, und sein Urtheil über mich wenigstens eher gegen mich als für mich parteiisch. Weil mir nun überhaupt nur daran liegt, Wahres von mir zu hören, so ist dies gerade der Mensch unter allen die ich kenne, der mir diesen Dienst thun kann. Ich will ihn auch mit Lauschern umgeben, denn ich selbst werde ihn nie über mich befragen.

Lebe wohl...

Schiller.

***

Christian Gottfried Körner an Friedrich Schiller

Dresden den 9. Febr. 89. Montag.

... Das lyrische Fach ist es gerade meines Erachtens, worin Du einzig bist. Wenigstens kenne ich keinen unter den jeztlebenden Dichtern der es mit Dir aufnehmen könnte wenn Du Deine ganze Kraft aufbietest. Im Dramatischen hingegen hast Du an Göthen einen gefährlichen Nebenbuler. Im Lyrischen aber kann er sich weder im Schwunge und Reichthum der Ideen, noch in der Versifikation mit Dir messen...

Göthens Charakter, wie Du ihn beschreibst, hat allerdings viel Drückendes. Man muß seinen ganzen Stolz aufbieten, um sich von einem solchen Menschen nicht gedemüthigt zu fühlen. Doch wäre es Schade, wenn dieß Dir seinen Umgang verleiden sollte. Du kannst keck mit dem Gefühle: anch'io son pittore vor ihm auftreten, wenn er auch gleich durch Alter und Erfahrung in der Herrschaft über sich selbst eine gewisse Ueberlegenheit besitzt. Eine solche heroische Existenz ist die natürliche Folge wenn ein großer Mensch eine Zeitlang fast alle Arten von Genüßen ausser sich erschöpft hat, und ihm nichts weiter übrig bleibt, als der Genuß seines eignen Werths und seiner Thätigkeit. Menschen von solchem Gehalt wirst Du nicht häufig finden, und Dich mit ihm reiben zu können ist doch gewiß ein beträchtlicher Vortheil. Es giebt Momente, wo man zu solchen Herausforderungen nicht gestimmt ist, aber in Deinen bessern Stunden wird Dich doch eine Spannung dieser Art mehr befriedigen, als das behagliche Gefühl einer beqvemen Ueberlegenheit unter beschränkteren Köpfen...

Lebewohl. Minna und Dora grüssen.

Körner.

***

Friedrich Schiller an Christian Gottfried Körner

Weimar d. 25. Febr. 89. Mittwoch.

... Das lyrische Fach, das Du mir anweisest, sehe ich eher für ein Exilium, als für eine eroberte Provinz an. Es ist das kleinlichste und auch undankbarste unter allen. Zuweilen ein Gedicht lasse ich mir gefallen; wiewohl mich die Zeit und Mühe, die mir die Künstler gekostet haben, auf viele Jahre davon abschrecken. Mit dem Dramatischen will ich es noch auf mehrere Versuche ankommen lassen. Aber mit Göthen messe ich mich nicht, wenn er seine ganze Kraft anwenden will. Göthe hat weit mehr Genie als ich, und bey diesem weit mehr Reichthum an

Kenntnissen, eine sicherere Sinnlichkeit, und zu allem diesem einen durch Kunstkenntniß aller Art geläuterten und verfeinten Kunstsinn, was mir in einem Grade, der ganz und gar biß zur Unwißenheit geht, mangelt. Hätte ich nicht einige andre Talente, und hätte ich nicht soviel Feinheit gehabt diese Talente und Fertigkeiten in das Gebiet des Dramas herüber zu ziehen, so würde ich in diesem Fache gar nicht neben ihm sichtbar geworden seyn. Aber ich habe mir eigentlich ein eigenes Drama nach meinen Talenten gebildet, welches mir eine gewiße Excellence darin gibt, eben weil es mein eigen ist... je mehr ich empfinde, wie viele und welche Talente oder Erfodernisse mir fehlten, so überzeuge ich mich desto lebhafter von der Realität und Stärke desjenigen Talents, welches, jenes Mangels ungeachtet, mich soweit gebracht hat, als ich schon bin. Denn ohne ein großes Talent von der Einen Seite hätte ich einen so großen Mangel von der andern nicht soweit bedecken können, als geschehen ist, und es überhaupt nicht so weit bringen können, um auf Köpfe zu wirken. Wieland selbst hat mir mehr als einmal eingestanden, daß ich ihm in verschiednen Stücken überlegen sey. Mit dieser Kraft muß ich doch etwas machen können, das mich soweit führt, ein Kunstwerk von mir neben eins von den seinigen zu stellen...

Mein nächstes Stück, das schwerlich in den nächsten 2 Jahren erscheinen dürfte, muß meinen dramatischen Beruf entscheiden. Ich traue mir ein Drama dennoch am allermeisten zu, und ich weiß worauf sich diese Zuversicht gründet. Biß jezt haben mich die Plane, die mich ein blinder Zufall wählen ließ, aufs äuserste embarraßirt, weil die Composition zu weitlauftig und zu kühn war. Lass mich einmal einen simpeln Plan behandeln und darüber brüten. Einen solchen habe ich in Petto, und damit werde ich auch debutieren. Der Menschenfeind ist viel zu verwickelt und zu schwer, als daß ich die neue Manier daran zuerst versuchen könnte, aber vielleicht gründet der Menschenfeind einmal meinen ganzen Kredit...

Lebewohl und schreibe mir bald... Grüße mir Minna und Dorchen...

Adieu S.

Friedrich Schiller an Christian Gottfried Körner

Weimar 9. März 89.
Montag.

... Ich muß lachen, wenn ich nachdenke, was ich Dir von und über Göthen geschrieben haben mag. Du wirst mich wohl recht in meiner Schwäche gesehen und im Herzen über mich gelacht haben, aber mag es immer. Ich will mich gerne von Dir kennen lassen, wie ich bin. Dieser Mensch, dieser Göthe ist mir einmal im Wege, und er erinnert mich so oft, daß das Schicksal mich hart behandelt hat. Wie leicht ward sein Genie von seinem Schicksal getragen, und wie muß ich biss auf diese Minute noch kämpfen! Einhohlen läßt sich alles Verlorene für mich nun nicht mehr – nach dem 30gsten bildet man sich nicht mehr um – und ich könnte ja selbst diese Umbildung vor den nächsten 3 oder 4 Jahren nicht mit mir anfangen, weil ich 4 Jahre wenigstens meinem Schicksale noch opfern muss. Aber ich habe noch guten Muth, und glaube an eine glückliche Revolution für die Zukunft. Könntest Du mir innerhalb eines Jahrs eine Frau von 12 000 Thl. verschaffen, mit der ich leben, an die ich mich attachieren könnte, so wollte ich Dir in 5 Jahren – eine Fridericiade, eine klassische Tragödie und weil Du doch so darauf versessen bist, ein halb Duzend schöner Oden liefern – und die Academie in Jena möchte mich dann im Asch lecken.

Du willst wissen, wie ich hier lebe...

Charlotten besuche ich noch am meisten; sie ist diesen Winter gesünder und im ganzen auch heiterer als im vorigen; wir stehen recht gut zusammen...

Wie werther wird mir alle Tage Deine und meine Freundschaft, und wie wohlthätig ist sie mir schon gewesen. Ich würde keine dieser Art mehr knüpfen können, denn Du glaubst nicht, wieviel Misanthropie sich in meine Denkart gemischt hat. Leiden, Fehlschlüsse über Menschen, hintergangene Erwartungen haben mich in ihrem Umgang schüchtern und mistrauisch gemacht. Ich habe den leichtsinnigen frohen Glauben an sie verloren; darum braucht es sehr wenig, um meine Zuversicht zu eines Menschen Freundschaft für mich wankend zu machen, besonders, wenn ich Ursache habe zu glauben, daß sein eigenes Gedankensystem, seine Neigungen noch nicht fest sind.

Warum müssen wir getrennt von einander leben. Hätte ich nicht die Degradation meines Geistes so tief gefühlt, ehe ich von euch gieng, ich hätte euch nie verlassen, oder hätte mich bald wieder zu euch gefunden. Aber es ist traurig, daß die Glückseligkeit, die unser ruhiges Zusammenleben mir verschaffte mit der einzigen Angelegenheit, die ich der Freundschaft selbst nicht zum Opfer bringen kann, mit dem inneren Leben meines Geists, unverträglich war. Dieser Schritt wird mich nie gereuen, weil er gut und nothwendig war, aber es ist doch eine harte Beraubung, ein hartes Opfer für ein ungewisses Gut...

In Jena erwartet mich eine leidliche gesellige Existenz, von der ich mehrere Vortheile zu ziehen gedenke, als bisher. Mein isolirtes Daseyn könnte dort auch nicht gut fortdauern, weil ich dort bin was ich noch nie war, ein Glied eines Ganzen, das mehr oder weniger zusammenhält. Ich bin in Jena zum erstenmale eigentlicher bürgerlicher Mensch, der gewisse Verhältnisse außer sich zu beobachten hat; und da diese doch nicht drückend sind, da ich dort niemand über mir habe, so hoffe ich mich darein finden zu können... Ich habe auf dieser Welt keine wichtigere Angelegenheit, als die Beruhigung meines Geists – aus der alle meine edleren Freuden fließen. Kann ich zu sehr eilen, dieses höchste Interesse zu befördern? Ich muß ganz Künstler seyn können, oder ich will nicht mehr seyn...

Minna und Dorchen grüße.

Dein Schiller

***

Friedrich Schiller an Christian Gottfried Körner

Weimar d. 26. Merz. 89. Donnerstag.

Ich war diese und vorige Woche in Jena, um für ein Logis zu sorgen, das ich auch so ziemlich nach meinen Wünschen gefunden habe...

Von den Anstalten zur Geselligkeit in Jena habe ich auch eine Probe gesehen. Es ist dort von halbem Jahr zu halbem Jahr ein Clubb unter den Profeßoren veranstaltet, wozu auch eine Auswahl von Studenten gezogen wird. Zuweilen werden Concerte oder auch Bälle gegeben. Wie ich da war mögen doch gegen 100 Menschen darauf gewesen seyn, und für eine solche Anzahl, die zur Hälfte aus Studenten bestand gieng es ziemlich bescheiden und ruhig zu. Man bezahlt halbjährig 8 Thaler, wofür man 25 mal zu Abend ißt, versteht sich daß man für den Wein besonders zu sorgen hat. Ich habe auch abonnirt, ohne mir übrigens viel Vergnügen zu versprechen. Es ist eine Ersparniß von Zeit, weil man hier viele Sachen abthun kann, die man sonst zu Hause auf dem Hals hätte. Es sind jezt verschiedne junge Männer in Jena angestellt, die sich vielleicht doch in einen vernünftigen Zirkel zusammen thun, und einander etwas seyn werden. Ein junger, geschickter Landsmann von mir, Magister Paulus wird Profeßor der orientalischen Sprachen, so ist auch ein junger Doktor Batsch, der in der Naturgeschichte stark seyn soll, und sehr gelobt wird, einer nähern Bekanntschaft werth. Diese machen mit Reinhold, Hufeland, Schütz und mir schon einen artigen Zirkel aus, zu dem sich vielleicht noch einige andre qualifizieren. Für feinern Umgang, wozu Weiber concurrieren könnten ist schlechterdings nichts zu hoffen. Das Grießbachische Haus ist hier eines der ausgesuchtesten, aber von dieser Seite ist es ganz und gar nichts. Bei Reinholds verspreche ich mir noch eher einige angenehme Stunden. Im Ganzen aber, seh ich schon, muss ich mich auf meinen Fleiß auf die schöne Gegend und auf unsre Briefe einschränken.

Ein Auditorium ist nicht bey meinem Logis aber ich habe mich auch darnach wenig umgethan, weil es die Kosten nur vermehrt hätte und weil mir das Döderleinische Reinholds und vieler andrer ganz zu Gebote steht. Wahrscheinlich werde ich also mein Publicum in einem theologischen Lehrsaal eröffnen.

Ein Publicum, das eine Einleitung in die UniversalHistorie zum Gegenstande hat, habe ich schon in das gedruckte Verzeichniß der Vorlesungen setzen lassen. In der ersten Woche des Mays ziehe ich nach Jena und in der Mitte des Mays ohngefehr werde ich meine Bude eröfnen.

Jezt lese ich, wie Du Dir leicht einbilden wirst, historische Schriften... Eigentlich sollten Kirchengeschichte, Geschichte der Philosophie, Geschichte der Kunst, der Sitten, und Geschichte des Handels mit der politischen in Eins zusammen gefaßt werden und dieß erst kann Universalhistorie seyn. Mein Plan ist es, diesen Weg zu gehen und zwar so früh als möglich dazu Hand ans Werk zu legen...

Lebewohl. Herzliche Grüße an Minna und Dorchen. Wie sehne ich mich, euch einmal wieder von Angesicht zu Angesicht zu sehen.

Dein Schiller.

***

Christian Gottfried Körner an Friedrich Schiller

Dresden den 31. März 89. Dienstag.

... Was Du mir von Jena schreibst, läßt mich dort eine erträgliche Existenz für Dich hoffen. Für die nothwendigsten Bedürfniße des Umgangs wenigstens ist gesorgt. Eine einzige Idee ist in Deinem Briefe die an sich sehr brav ist, die mir aber für Dich bange macht. Es scheint Dir mit der Geschichte zu gehen wie mit andern Dingen, die Du nebenher treiben wolltest, die aber unvermerkt eine Leidenschaft in Dir erweckten, die mit Deinen Verhältnißen collidirte. Dein Ideal von Universalgeschichte ist vortrefflich, aber um es zu Deiner Befriedigung zu erreichen, müßtest Du aller andern Thätigkeit absterben. Es fodert den ganzen Mann durch ein ganzes Menschenleben. Es sey fern von mir Dir den Gesichtspunkt zu verleiden, wodurch Du Dir Deine jetzige Hauptbeschäftigung anziehender machst. Nur wünschte ich daß Du Dein Ziel nicht zu hoch stecktest, daß Du Dich begnügtest die Foderungen Deines Publikums in dem was man UniversalGeschichte nenntest zu befriedigen, und von höherm Gehalte nur soviel hineinlegtest, als Dir Deine jetzigen Verhältniße erlauben. Nach und nach wird sich von selbst ein Ganzes bilden, das sich Deiner Idee wenigstens nähert...

Lebewohl. Ich werde unterbrochen. Nächstens mehr. Minna und Dora grüssen.

K.

***

Friedrich Schiller an Christian Gottfried Körner

Jena, 13. Mai 1789. Mittwoch.

Vorgestern, als den Montag, bin ich hier eingezogen, wo mir Dein Brief sogleich überliefert wurde. Mein Logis habe ich über meine Erwartung gut gefunden. Der freundliche Anblick um mich herum gibt mir eine sehr angenehme Existenz. Es sind drei Piecen, die ineinanderlaufen, ziemlich hoch, mit hellen Tapeten, vielen Fenstern, und alles entweder ganz neu oder gut conservirt. Meubles habe ich reichlich und schön: zwei Sophas, Spieltisch, drei Commoden, und anderthalb Dutzend Sessel mit rothem Plüsch ausgeschlagen. Eine Schreibcommode habe ich mir selbst machen lassen, die mir zwei Caroline kostet, und dir gewiß auf drei zu stehen kommen würde. Dies ist, wonach ich längst getrachtet habe, weil ein Schreibtisch doch mein wichtigstes Meuble ist, und ich mich immer damit habe behelfen müssen. Ein Vorzug meines Logis ist auch die Flur, die überaus geräumig, hell und reinlich ist. Ich habe zwei alte Jungfern zu

Hausmietherinnen, die sehr dienstfertig, aber auch sehr redselig sind. Die Kost habe ich auch von ihnen auf meinem Zimmer, zwei Groschen das Mittagessen, wofür ich dasselbe habe, was mich in Weimar vier Groschen kostete. Wäsche, Friseur, Bedienung und dergl. wird alles vierteljährlich bezahlt, und kein Artikel beträgt über zwei Thaler: so daß ich nach einem gar nicht strengen Anschlag über vierhundertundfunfzig Thaler schwerlich brauchen werde. Und so hoch hoffe ich meine Einnahme von Mauke allein schon zu bringen. Mit jeder anderen Erwerbung kann ich Schulden abtragen und etwas für meine Einrichtung thun...

Im Reinholdschen Auditorium werde ich lesen, und träfe sich's, daß die Anzahl zu groß würde, so nehme ich Grießbachs oder Döderleins, worin über Zweihundert Platz haben.

Vor zwölf bis vierzehn Tagen werde ich doch nicht damit anfangen: so lange mußt Du also Deine Neugier einstellen. Ich bin nicht ohne Verlegenheit, öffentlich zu reden; aber eben weil ich sie ganz überwinden möchte, will ich mich indessen mehr an diese Gesichter gewöhnen, um nicht zum erstenmal unter ganz fremden Menschen mich zu sehen. Wenn übrigens meine erste Vorlesung zweckmäßig, gut und interessant geräth, so gibt mir dieses allein schon einen gewissen Muth, die desto unerschrockener abzulegen...

S.

***

Friedrich Schiller an Christian Gottfried Körner

Jena d. 28. May. 89 Donnerstag.

Vorgestern als den 26sten habe ich endlich das Abentheuer auf dem Katheder rühmlich und tapfer bestanden, und gleich gestern wiederhohlt. Ich lese nur 2mal in der Woche und zwey Tage hintereinander, so daß ich 5 Tage ganz frey behalte.

Das Reinholdische Auditorium bestimmte ich zu meinem Debut... Meine Stunden sind Abends von 6 biß 7. Halb 6 war das Auditorium voll. Ich sah aus Reinholds Fenster Trupp über Trupp die Straße heraufkommen, welches gar kein Ende nehmen wollte. Ob ich gleich nicht ganz frey von Furcht war, so hatte ich doch an der wachsenden Anzahl Vergnügen und mein Muth nahm ehr zu... die Menge wuchs nach und nach so, daß Vorsaal Flur und Treppe voll gedrängt waren und ganze Haufen wieder giengen. Jezt fiel es einem der bey mir war ein, ob ich nicht noch für diese Vorlesung ein anderes Auditorium wählen sollte. Grießbachs Schwager war gerade unter den Studenten, ich ließ ihnen also den Vorschlag thun bei Grießbach zu lesen und mit Freuden ward er aufgenommen. Nun gabs das lustigste Schauspiel. Alles stürzte hinaus und in einem hellen Zug die Johannisstraße hinunter, die eine der längsten in Jena, von Studenten ganz besät war. Weil sie liefen was sie konnten, um in Grießbachs Auditorium einen guten Platz zu bekommen, so kam die Straße in Allarme, und alles an den Fenstern in Bewegung. Man glaubte anfangs es wäre Feuerlerm und am Schloß kam die Wache in Bewegung. Was ists denn? Was gibts denn? hieß es überal. Da rief man denn! Der neue Profeßor wird lesen. Du siehst, daß der Zufall selbst dazu beytrug, meinen Anfang recht brillant zu machen. Ich folgte in einer kleinen Weile von Reinhold begleitet nach, es war mir als wenn ich durch die Stadt, die ich fast ganz durchzuwandern hatte, Spießruthen liefe.

Grießbachs Auditorium ist das größte und kann, wenn es voll gedrängt ist zwischen 3 und 400 Menschen faßen. Voll war es dießmal und so sehr daß ein Vorsaal und noch die Flur biß an die Hausthüre besetzt war, und im Auditorium selbst viele sich auf die Subsellien stellten. Ich zog also durch eine Allee von Zuschauern und Zuhörern ein und konnte den Katheder kaum finden, unter lautem Pochen, welches hier für Beyfall gilt, bestieg ich ihn und sah mich von einem Amphitheater von Menschen umgeben... Mit den zehn ersten Worten, die ich selbst noch fest aussprechen konnte, war ich im ganzen Besitz meiner Contenance, und ich las mit einer Stärke und Sicherheit der Stimme, die mich selbst überraschte... Meine Vorlesung machte Eindruck, den ganzen Abend hörte man in der Stadt davon reden und mir widerfuhr eine Aufmerksamkeit von den Studenten, die bey einem neuen Profeßor das erste Beispiel war. Ich bekam eine Nachtmusik und Vivat wurde 3mal gerufen. Den andern Tag war das Auditorium eben so stark besetzt, und ich hatte mich schon so gut in mein neues Fach gefunden, daß ich mich setzte. Doch habe ich beydemal meine Vorlesung abgelesen und nur wenig bey der zweiten extemporirt.

Indeß kann ich, wenn ich aufrichtig seyn soll, dem Vorlesungenhalten selbst noch keinen rechten Geschmack abgewinnen; wäre man der Empfänglichkeit und einer gewißen vorbereitenden Fähigkeit bey den Studirenden versichert, so könnte ich überaus viel Intereße und Zweckmäßigkeit in dieser Art zu Wirken finden. So aber bemächtigte sich meiner sehr lebhaft die Idee: daß zwischen dem Catheder und den Zuhörern eine Art von Schranke ist, die sich kaum übersteigen läßt. Man wirft Worte und Gedanken hin, ohne zu wißen und fast ohne zu hoffen daß sie irgendwo fangen, fast mit der überzeugung, daß sie von 400 Ohren 400mal, und oft abentheuerlich, mißverstanden werden. Keine Möglichkeit sich, wie im Gespräch, an die Faßungskraft des andern anzuschmiegen. Bey mir ist diß der Fall noch mehr, da es mir schwer und ungewohnt ist, zur platten Deutlichkeit herabzusteigen...

Meine erste Vorlesung handelte vorzüglich von dem Unterschied des Brodgelehrten und des philosophischen Kopfs... In meiner zweyten Vorlesung gab ich die Idee von Universalgeschichte.

Es ist hier ein solcher Geist des Neides, daß dieses kleine Geräusch das mein erster Auftritt machte, die Zahl meiner Freunde wohl schwerlich vermehrt hat. Indessen kann ich von meiner hiesigen Existenz nichts anders als Gutes schreiben; es war mir kaum irgendwo so wohl als hier, weil ich hier zu Hause bin. Meine Freunde tragen mich auf den Händen, mein Humor ist gut, auch bin ich geselliger, und mein ganzes Seyn hat einen beßern Anstrich...

Lebe wohl.

Schiller.

Friedrich Schiller an Christian Gottfried Körner

Jena d 11 Juni 89. Donnerstag.

... Meine Vorlesungen gehen wieder fort und vorgestern habe ich die dritte bei einer Anzahl von fast 500 Zuhörern gehalten... Da mir die Materien worüber ich lese noch zu neu sind, so muß ich mich freilich noch an Mscrpt halten, und ich fühle wohl, daß gemeinverständliche Deutlichkeit gerade das ist, was mir am meisten Mühe kostet, und doch vielleicht nicht geht... Meine Vorlesungen kosten mich jezt noch erstaunlich viel Zeit und Mühe, sowohl weil ich erst selbst lernen muß, als auch weil mir die Materie unter den Händen wichtiger wird, als ich sie für den Augenblick brauche, und ich die Gedanken doch nicht fahren laßen mag...

Lebwohl. Grüße Minna und Dorchen. Dein

Schiller.

***

Friedrich Schiller an Christian Gottfried Körner

Jena d 31. Aug. 1789 Montag.

Es freut mich herzlich zu hören, daß ihr glücklich angekommen seid, und für die Freude, die Ihr mir durch das Wiedersehen gemacht habt, nehmt noch einmal meinen freundlichen Dank. Euer Bild ist wieder lebhaft in mir worden durch das Sehen, denn immer behilft man sich doch schlecht mit der bloßen Erinnerung. Was wir im stillen Umgang freilich miteinander hätten abthun können, war bey diesem geräuschvollen und eiligen Zusammenseyn nicht möglich. Wir schieden fast wie im Traum auseinander, und ich hätte Dir tausend Dinge noch gerne gesagt, die mir zu spät oder zu frühe einfielen...

Wie eifrig Du auf Deinem Vorsatz, in Weimar Dienste zu nehmen und Staatsbürger zu werden, beharren wirst, bin ich sehr begierig zu beobachten. Voigt vergißt den erhaltenen Wink zuverläßig nicht, denn er hat mich schon in Weimar über allerley Details von Dir ausgefragt...

Grüße Minna und Dorchen und der Himmel schenke euch noch länger so schöne Tage auf dem Weinberg.

Dein
Schiller.

***

Christian Gottfried Körner an Friedrich Schiller

Dresden den 24. Okt. 89. Sonnabend.

Ueber die Weimarische Angelegenheit bin ich ganz Deiner Meynung, daß man sie nicht aufgeben, aber auch nicht ängstlich betreiben muß. Jetzt kann ich nichts thun, als mich vor Erschlaffung unter den hiesigen Menschen verwahren. Glücklicher Weise habe ich das Bedürfniß des mündlichen Umgangs in sehr geringem Grade. Auch kann man sich Nahrung des Geistes durch Leckture sicherer und beqvemer verschaffen. Indessen fühle ich, daß ich an Fertigkeit verliere, mich mündlich über interessante Gegenstände auszudrücken, weil ich zu wenig Veranlassung habe, mich hierin zu üben...

Ueber die historische Darstellung sind wir wohl in der Hauptsache einverstanden. Der philosophische Geist den Du als ein Erfoderniß der neuern Geschichtsschreiber angiebst, äussert sich auch in gewissen Eigenthümlichkeiten des Stils die die Neuern vor den Alten voraus haben. Wenigstens habe ich bey den Alten eine gewisse Mikrologie gefunden die nur durch das National Interesse entschuldigt wird...

Was sagst Du zu den neuen Vorfällen in Frankreich? Jetzt ist nichts dort unmöglich, und ich würde mich nicht wundern, wenn Frankreich in einzelne Republiken zerstückelt würde. Fast bleibt der Nationalversammlung nichts anders übrig, wenn sie consequent seyn will, und keinen andern König weiß, als den, der von der Pariser Facktion gefangen gehalten wird...

Lebewohl. Wir sind alle gesund. Minna und Dora grüßen.

Dein Körner

Seit meiner Zurückkunft habe ich noch nichts aus mir selbst hervorgebracht. Pracktische Philosophie besonders Philosophie der Gesetzgebung hat mich am meisten beschäftigt... Ein Haupterfoderniß der pracktischen Philosophie scheint eine Kritik der Ideale zu seyn, die wir zur Zeit noch nicht haben. Kants Kritik der pracktischen Vernunft geht bloß auf die Moral...

***

Friedrich Schiller an Christian Gottfried Körner

Jena d 10. Nov. 89 Dienstag.

Mein heutiger Geburtstag erinnert mich, daß ich Dir lange nicht geschrieben habe, vielleicht aber hast Du mich im Herzen entschuldigt. Ich muß mir für diesen Winter Toleranz von Dir erbitten, wenn Du seltener von mir hörst, denn, so wie diesen Winter, bin ich solange ich lebe, nicht obsedirt gewesen von Arbeit. Du kannst Dirs leicht denken, wenn ich Dir sage daß ich alle Tage eine ganze Vorlesung machen und wörtlich niederschreiben muß... Du wirst sagen, ich mache mir die Arbeit unnöthig schwer, aber mein äuserst schwaches Gedächtniß nöthigt mich dazu. Der Vortheil, den ich dabey habe, ist für die Zukunft beträchtlich, auf die Gegenwart darf ich freilich nicht sehen...

Indeßen habe ich erschrecklich viel Arbeit mehr, weil meine schriftstellerische Arbeiten dabey fortgehen müssen. Zum Glück hab ich die Memoires, woran zwey Mitarbeiter sind, denen ich nur die Hälfte des Honorars zu bezahlen brauche. Der erste Band wird diese Woche gedruckt seyn, und der Zweyte kommt unter die Presse...

Hir schicke ich Dir die Antrittsrede, die mir hier nichts als Händel gemacht hat. Ich nenne mich in aller Unschuld darinn einen Profeßor der Geschichte, weil mir (wie Du leicht denken kannst) nicht bekannt war, daß ich dadurch mit einem der eine Nominalprofessur zur Geschichte hat, collidiren könnte. Dieß ist Heinrich, der darüber Lerm geblasen hat. Sie ließen mirs durch Grießbach wissen, daß ich der Sache abhelfen möchte, welches leicht angeht, da sie neu aufgelegt wird, und also der Professor der Geschichte in einen Professor der Philosophie verwandelt werden kann. Ist dieß aber nicht erbärmlich? Und der Academiediener, der sie aus dem Buchladen fodert, ist so insolent, da man sie ihm nicht gibt, weil sie schon versendet war, den angeklebten Titel von der Thüre wegzureissen. Mit solchen Menschen habe ich zu thun.

Gebe der Himmel, daß ich Dir, in dem nächsten halben oder ganzen Jahr möge Nachricht geben können, daß ich irgend anderswo angestellt bin. An meiner Thätigkeit fehlt es nicht, diese Crisis zu beschleunigen...

Sey tausendmal gegrüßt und grüße Minna und Dorchen...
Ewig Dein

Schiller

***

Christian Gottfried Körner an Friedrich Schiller

Dresden den 17. Nov. 89. Dienstag.

Dein Aufenthalt in Jena wird mir immer fataler... Glaube mir, Dein Vortrag ist viel zu gut für diese Menschen. Sie wollen als Schüler behandelt seyn. Lernen ist ihr Zweck, nicht Denken und Genießen... Wenigstens ist der Geist des Fleißes unter den Studenten herrschender als der Geist des guten Geschmacks...
In einer Hauptstadt für einen Zirkel gebildeter Menschen, die den philosophischen Geist und die Schönheit der Darstellung

in der Geschichte zu schätzen wissen, wären Deine Vorlesungen an ihrem Platze. Jena ist kein Himmelstrich für solche Blumen. –

Ich spekulire noch immer für Dich auf Berlin. Preussischer Historiograph und Mitglied der Akademie, das ist die Stelle, die ich Dir wünsche. Und noch sehe ich dabey keine Unmöglichkeit ...

Für die Antrittsrede selbst danke ich Dir. Was Du über den Zweck der Universalgeschichte sagst, hat mich sehr befriedigt. Auch merkt man es dem Stil an, daß er sich erhebt, so wie Dich der Stoff begeisterte. Daß Du übrigens in einer solchen Vorlesung Dich nicht schämst zu kantisiren, und sogar des teleologischen Princips erwähnst, war mir ein großer Triumph...

Der Schluß Deines Geistersehers spannt die Erwartung aufs höchste. Es wäre Schade, wenn Du dieß Produckt um ein Paar Dutzend Studenten willen vernachläßigtest ... Dein

Körner.

***

Friedrich Schiller an Christian Gottfried Körner

Jena d. 23. Nov. 89. Montag.

Was Du mir von meiner Situation in Jena schreibst, daß ich hier gar nicht an meiner Stelle bin – o das fühl ich leider lebhaft genug.

Daß ich auch nicht hier bleibe, weiss ich; nur fürchte ich, werde ich noch das ganze folgende Jahr hier ausharren müssen, theils um bey dieser Gelegenheit, docendo nehmlich, mich in der Geschichte mehr umzusehen, theils auch wegen meiner Heurath ... (Am 3. 8. 1789 hatte Schiller Körner in Leipzig getroffen und ihm wohl von Charlotte, mit der er sich in Bad Lauchstedt verlobt hatte, erzählt oder sie sogar vorgestellt . Auch in seinem Brief vom 28. 9. 1789 spricht er das Thema kurz an.

C. T.) Auf das Frühjahr verlange ich von Weimar eine Erleichterung; Besoldung werde ich es wohl nicht nennen können, und ich kann von Glück sagen, wenn es 200 rth. sind. Mehr als 100 rth. habe ich gar nicht zu erwarten...

Mit meiner geringen Anzahl von Auditoren ist es im Ganzen doch sehr natürlich zugegangen, weil ich zulezt angeschlagen habe, wo die Studenten alle Dukaten, über die sie in diesem Winterhalbjahr disponiren können, schon bestimmt gehabt haben. Sehr großen Schaden thut mir Loder, der ein Collegium ließt, welches nicht allein Mediciner hören. Jede Wißenschaft muss Brodwissenschaften weichen. Mein Publicum ist ziemlich voll. Indessen gesteh ich, daß aller Eifer mich verlassen hat – und daß es mich reut, soviel ich Haare auf dem Kopfe habe, nicht dieses und das folgende Jahr meine Unabhängigkeit behalten zu haben, um einen Hauptplan mit Muße und Freiheit zu verfolgen...

Lebewohl. Minna und Dorchen grüße ich herzlich...

Dein S.

***

Friedrich Schiller an Christian Gottfried Körner

Jena d. 10. Dec. 1789. Donnerstag.

... Schon viele Grüße sind mir von Rudolstadt aufgetragen worden aber ich vergeße sie immer. Die Beulwitz und Lengefeld sind diesen Winter in Weimar. Unser Verhältniß ist doch nicht ganz stille geblieben, oder sind es bloß Schlüße von unserm Öfteren Beisammenseyn in Rudolstadt und Jena...

Adieu einstweilen...

Dein S.

***

Friedrich Schiller an Christian Gottfried Körner

Jena d. 12. (13.) Dec. 89. Sonntag.

Ich wollte Dir von meiner Heirathsgeschichte nichts schreiben, weil über die Zeit und die Einrichtung selbst bißher nichts entschieden war...

Fürs erste mag und will ich die Lengefeld nicht in die fatale Jenaischen Verhältniße hineinziehen, welche für sie noch fataler werden, da man hier ihren Adel nicht vergeßen kann; ich würde sie und mich den größten Plattitüden aussetzen. Dann sind wir auch Weimar zu nahe, wo die Lengefeld mit dem Adel sehr verflochten ist; und einige Verbindungen müßten fortdauern, welche mit ihrer hiesigen Existenz einen unangenehmen Contrast machten, und in unserm Leben eine immerwährende Disharmonie unterhielten. Dieß sind aber Nebengründe, auf die ich nicht so sehr achten würde, wenn nicht wichtigere hinzu kämen. Die Mutter wird sich äuserst ungern von ihrer Tochter trennen, weil sie biss jezt darauf rechnen konnte, sie in Rudolstadt zu verheurathen. Die Heurath mit mir zerstört diesen ganzen Plan der Mutter... Dazu kommt, daß die Entfernung der einen Tochter bald auch die Entfernung der andern zur Folge haben würde, denn die Beulwitz stimmt sehr übel mit ihrem Mann zusammen, und nur die Gesellschaft ihrer Schwester machte ihr dieses Verhältniß biß jezt leidlich. Allein lebt sie nicht mit ihm, und ihre Mutter ahndet dieses schon längst, und ist sehr unruhig darüber. Er ist ein recht schätzbarer Mann von Verstand und Kenntnissen; dabey denkt er gut und edel – aber es fehlt ihm an Delikateße, und seine Frau weiß er nicht zu behandeln. Sie hat weit mehr Geist als er, und eine ganz eigne Feinheit der Seele, für die er nun ganz und gar nicht gemacht ist. Diesem übeln Verhältniß wird abgeholfen, wenn wir, die Lengefeld und ich, mit Beulwitz und seiner Frau zusammen leben. Er und ich stehen gut, und vertragen uns gut miteinander, und wenn die Beulwitz nicht auf die Gesellschaft ihres Mannes eingeschränkt ist, so geht auch mit ihr alles beßer. Im Hause haben wir Platz, es sind 2 Häuser aneinander, die communication haben, und seitdem die Mutter nach Hof gezogen ist (als Erzieherin der Prinzessinnen – C. T.), ist Platz für uns geworden. Ich brauche bloß 300 rth. in die oeconomie zu geben, 200 rth zieht Lottchen von ihrer Mutter...

Unser Plan war also dieser. Ich verlange auf Ostern einen fixen Gehalt, den man mir ganz gewiß verweigert, und dann lege ich meine Professur nieder. (Kann ich es dahin bringen, daß man mir erlaubt ein Jahr zu privatisiren, um meine Niederländische Geschichte zu beendigen so kann ich diesen gewaltsamen Schritt vermeiden, und im Verweigerungsfall gibt diese Niederländische Geschichte einen sehr anständigen Vorwand meines Austritts ab, auch für das Publikum.) Mein Vater ist alles, was ich eigentlich zu schonen brauche..., weil dieser meinen Plan nie goutiren wird, und auf Jena alle seine Hofnungen gesetzt hat...

Ich habe Dir nun glaube ich das Hauptsächlichste gesagt, denke Dich in meine Lage und sage mir Deine Meynung aufrichtig ...

Dein S.

***

Christian Gottfried Körner an Friedrich Schiller

Dresden den 22. Dec. 89. Dienstag.

Zwey Briefe von Dir, den ersten mit den Memoires und den zweyten über Deine jetzige Lage habe ich erhalten. Zuerst von dem letztern.

Es freut mich die alte Offenheit über Deine Verhältniße in diesem Briefe wieder zu finden, und ich wünschte sehr bey Ertheilung des Raths, den Du verlangst, Deine Erwartungen befriedigen zu können. Ich komme immer mehr davon zurück Fälle dieser Art nach Gemeinsprüchen, und sogenannten Klugheitsregeln beurtheilen zu wollen. Alles kommt darauf an, die besondern Umstände des einzelnen Falls genau zu kennen. Daß Jena für Dich so wenig, als für Deine künftige Gattinn paßt, ist, denke ich, unter uns keine Frage. Ob Du in Maynz oder anderwärts sogleich eine bessere Stelle bekommen würdest, scheint ungewiß. Könntest Du ein Paar Jahre an einem wohlfeilen Orte privatisiren, so würde Dir es bey einer größern Ausbreitung Deines Rufs im historischen Fache an einer nachherigen Versorgung schwerlich fehlen. Um Deine Bedürfniße zu befriedigen brauchtest Du fast bloß wöchentlich einen Bogen für die Thalia zu arbeiten, ohne die Memoires zu rechnen. Ob Du eben so gut heyrathen könntest, kommt auf die besonderen Umstände an. 300. Thaler in die Wirthschaft für Dich und Deine Gattinn ist sehr wenig. Wie sieht es mit Magd und Bedienten aus? Kennst Du Herrn von Beulwitz genug, um bey einer solchen gemeinschaftlichen Haushaltung keine unangenehmen Verhältniße zu befürchten? Würde nicht manches zur ersten Einrichtung nöthig seyn? Kannst Du Dir diese Fragen zu Deiner Befriedigung beantworten, so genieße je eher je lieber, was das Ziel Deiner Wünsche ist. Hättest Du aber noch einen Zweifel, so könntest Du vielleicht noch ein Jahr etwa warten, und einstweilen in Rudolstadt bleiben, bis Du ganz in der Lage wärst, diesen Schritt ohne Besorgniß thun zu können...

Lebewohl.
Körner

***

Friedrich Schiller an Christian Gottfried Körner

Jena d. 24. Dec. 89. Donnerstag.

Ich bin jetzt voll Erwartung lieber Körner. Vorgestern erhielt ich die Einwilligung von der Mutter, einer vortreflichen Frau! Gestern schrieb ich an den Herzog um eine Erleichterung... In Weimar wird seit einiger Zeit allgemein von meinem Verhältniß mit Lottchen gesprochen und der Herzog selbst sondirte die Stein darüber. Sie gestand es ihm und da er es billigte, so liess sie ein paar Worte von Pension fallen, die er nicht ganz abwies. Er hat seine Freude an solchen Dingen und der Lengefeld ist er sehr gut. Ich habe große Hofnung, daß etwas für mich geschehen wird. Einige Jahre, seh ich schon, muß ich das academische Leben schon noch mit ansehen, wärs auch nur, um die Mutter und meinen Vater zu beruhigen...

Mit 800 rth. kann ich hier recht artig leben. Gäbe mir der Herzog 200 und ich erwürbe durch 4 Vorlesungen des Jahrs nur 200, das wenigste was ich rechnen kann, so wären es schon 600 mit den 200, die mir die Mutter jährlich zuschießen kann. Durch Schriftstellerey will ich mir wenigstens eben soviel als bisher erwerben, da mir in jeder Woche 2 Tage ganz frey, und zusammen gerechnet 2 Monate Ferien im Jahre bleiben. Sind meine Vorlesungen einmal ausgearbeitet, so ist jeder Tag ganz mein eigen. Ich hoffe also auch schon im ersten Jahre mit Abzahlung der Schulden einigen Anfang machen zu können. Schlägt die Unternehmung mit den Memoires ein und kann der Verleger im Jahre, wie der Plan ist, 8 Bände verschließen, so ist mir dieses ein Objekt von 100 Louisdors ohne daß ich mehr Arbeit habe als etwa 18-20 Bogen eigene historische Arbeit, und die Correctur. Ich sehe der Zukunft ziemlich ruhig entgegen; fleißiger werde ich seyn als in meiner bisherigen Lage, weil ich ruhiger und glücklich in mir selbst bin...

Mein Gemüth ist jetzt in einer sehr großen Bewegung, wie Du mir gerne glauben wirst. Die schnelle und edle Einwilligung der Mutter rührte mich sehr; sie muß viele Plane und Hofnungen aufopfern, und alles im Vertrauen auf mich und meine Liebe... Könnte ich nur Lottchen hie in Jena eine angenehmere Existenz bereiten. Ich muß mich fast ganz allein auf Paulus und seine Frau einschränken und zum Glück lieben die Frauen einander sehr. Wenn ich mich von allen anderen hiesigen Verhältnißen frey erhalte, so vermeide ich wenigstens Plattitüden.

Ich behalte meine gegenwärtige Wohnung, und miethe auch die übrigen Zimmer auf derselben Etage. Meine Hausjungfern wollen sich dazu verstehen, den Tisch zu besorgen und ich komme wohlfeiler weg als bei eigener Menage. So brauche ich zu unserer Bedienung niemand, als eine Jungfer für Lottchen; ich behelfe mich mit meinen bisherigen Leuten. Da ich alle Meubles im Hause haben kann, so brauche ich mich auch nicht einzurichten, welches überhaupt nicht rathsam wäre, ehe ich weiß, wie lange ich bleibe. Das schwerste also, der Anfang, wird mir ziemlich leicht, und was ich zu meiner eigenen Equippirung brauche, ist wohl das meiste. Göschen gibt mir 400 rth. für einen Aufsatz über den 30jährigen Krieg im historischen Kalender. Die Arbeit ist leicht, da der Stoff so reich und die Behandlung bloss auf die Liebhaber zu berechnen ist. Diese 400 Thaler kommen mir gar gut um diese Zeit...

Schreibe mir bald, und sage mir, ob Dich meine jetzige Lage freut und befriedigt. Ein andermal wollen wir von unsern Entwürfen reden. Grüße mir Minna und Dorchen. Lebe wohl.

Dein
Schiller.

***

Friedrich Schiller an Christian Gottfried Körner

Jena d 27. Dec. 89 Sonntag.

Mein letzter Brief hat Dir gesagt, daß ich mich doch entschloßen habe, die erstern Jahre noch hier zuzubringen...

Ich hoffe, die Mutter auch in dem Fall zu beruhigen, wenn der Herzog auch jetzt nichts für mich thut. Auf jeden Fall aber hat sie kein Veto in Rücksicht auf die Zeit meiner Trauung, denn was Lottchen erhält, ist väterliches Vermögen und ganz unabhängig von dem Willen der Mutter. Du kannst es also für etwas entschiedenes halten, daß unsre Verbindung nach Ostern vor sich geht. Entweder im May oder Junius, nicht später...

Wenn wir ganz isolirt hier leben, so kann ich mir die hiesige Existenz leidlich denken. Mit Paulus bin ich genau liirt. Die

Beulwitz, und aus Weimar die Stein bringen schon einige Abwechslung in unsern Umgang. Wie wenig ich für mich ihn brauche, weißt Du ohnehin. Unsre bloße Correspondenz gibt mir mehr, als hier die Reinholds und Hufelands mir geben.

Lebe wohl... adieu.

S.

***

Friedrich Schiller an Christian Gottfried Körner

Jena den 6. Jänner 90. Mittwoch.

Ich schrieb Dir das letztemal, daß ich dem Herzog um eine Pension schreiben wolle. Dieß ist auch sogleich geschehen und in wenigen Tagen entschieden worden. 200 rth, wie ich vermuthete. Was ich nicht vermuthete war, daß der Herzog selbst fühlen würde, daß dieß wenig sey. Den Tag, nachdem ich ihm geschrieben gieng ich nach Weimar, aber ganz in der Stille, und ohne jemand anders zu sehen als Lengefelds. Er erfuhrs aber und liess mich hohlen, sagte mir daß er gern etwas für mich thun möchte, um mir seine Achtung zu zeigen, aber mit gesenkter Stimme und einem verlegenen Gesicht sagte er, daß 200 rth alles sey, was er könne... Wir assen den Tag darauf bei der Stein zu Mittag, da kam er selbst hin, und sagte der Stein, daß er doch das beste zu unsrer Heurath hergebe, das Geld... Der Stein sagte er auch. Er freute sich sehr wenn er etwas für mich thun könnte, aber er sähe voraus, daß ich es ihm nicht danken werde. Ich würde gewiß bey der nächsten Gelegenheit gehen...

Die Post geht sogleich... Lebe wohl.

Dein S.

***

Friedrich Schiller an Christian Gottfried Körner

Jena d 13. Jenner 90. Mittwoch.

Dieser Brief wird so kurz ausfallen, wie ein Hochzeitbrief; er ist es aber auch. Innerhalb 14-18 Tagen wird die heilige Handlung hier in unsrer lieben Stadt Jena vor sich gehen; Du kannst Dich also immer mit einem selbstgemachten lateinischen Carmen darauf rüsten. Meine Schwiegermutter kommt hieher nach Jena, und alles wird en famille traktirt, wo möglich ganz ohne fremde Zeugen... Kurz so poetisch ich Dir auch vorkommen mag, so würdest Du doch zweifelhaft werden, wenn Du mich in unsrer neuen Haushaltung überraschtest... Traue mir zu, daß die 2 Jahre, die ich gehabt habe, meine künftige Frau, in Rücksicht auf mich, kennen zu lernen, und in eben dieser Rücksicht gegen andre zu stellen, nicht verloren gewesen sind. Wem sollte ich es weniger sagen als Dir, daß in Fällen dieser Art allgemeine Urtheile nichts heissen, daß die Individualität allein dabei Richterinn seyn kann. Ich weiß wohl, daß unter zehen die heurathen vielleicht neune sind, die ihre Frauen um andrer willen nehmen, ich wählte die meinige für mich... Ich bin bey diesem ganzen langen Vorfall mit meinem Kopf und meinem Herzen sehr zufrieden, aber mir kommt vor, Du könntest den Maaßstab nicht sogleich wieder finden, mit dem ich zu meßen bin – und jeder kann doch nur mit dem Maaßstab gemeßen werden, den man von ihm selbst genommen hat. (Auf welchen Brief Körners sich diese Replik bezieht, ist nicht klar. Möglicherweise wurde der in Rede stehende Brief wegen seines Inhalts von Körner vernichtet. C. T.)

Wenn ich vielleicht, als Liebhaber wie Du sagst, zu hoch in den Wolken stand, um meinen Gegenstand gut zu sehen, so stelltest Du Dich vielleicht dießmal etwas zu tief auf den Boden. Es wird gar nicht an Gelegenheiten fehlen, die Dich bekehren werden – und vielleicht gestehst Du Dir dann selbst, ein schönes Herz und eine fein gestimmte Seele darum nicht gefunden zu haben, weil Du diese Eigenschaften bei Deinen Foderungen übersahst...

Leb wohl für heute... Du wirst künftighin an Herrn Hofrath S. schreiben; ich bin seit einigen Tagen um eine Sylbe gewachsen – wegen meiner vorzüglichen Gelehrsamkeit und schriftstellerischen Ruhms beehrt mich der Meinunger Hof mit dem Diplom.

Dein S.

***

Christian Gottfried Körner an Friedrich Schiller

Dresden den 19. Jan 90. Dienstag

Nur ein paar Zeilen für heute, über einige Äusserungen in Deinem letzten Briefe. Meine Klugheit konnte Dir als Bräutigam nicht erbaulich seyn, aber Du hast mich doch falsch verstanden. Ich sage bloß daß ich kein kompetenter Richter über den Werth Deiner Gattinn bin, daß ich sie zu wenig gesehen habe, und daß ich mich jetzt bloß freue, weil Du Dich freust, nicht aus eigner Ueberzeugung. Ich mochte Dir nichts heucheln was ich nicht empfand, und konnte nicht ganz schweigen, ohne kalt zu scheinen. Von Uebersehen kann bey mir gar nicht die Rede seyn. Was habe ich von dem, das Dich gefesselt hat, in einem halben Tage sehen sollen, während daß Du mit Deiner Geliebten allein sprachst? Also sey gerecht gegen mich und verkenne mich nicht.

Vor Deiner Verbindung schreibe ich Dir noch. Minna und Dora wünschen Dir von Herzen Glück und empfehlen sich Deiner Braut. Lebewohl für heute.

Dein

Körner.

***

Christian Gottfried Körner an Friedrich Schiller

Dresden den 26. Jan. 90. Dienstag.

Nur einen fröhlichen Zuruf aus der Ferne bey einer neuen Epoke Deines Lebens. Nach meiner Rechnung ist in diesen Tagen Deine Hochzeit, wenn sie nicht schon vorbey ist. Ich bin oft in Gedanken bey Dir und sehe Dich in mancherley Situationen.

Deine jetzige Stimmung muß sehr glücklich seyn. Du hast gefunden, was Du gesucht hattest, hast manche Schwierigkeit überwunden, die Deinen Wünschen entgegenstand, und siehst eine heitre Zukunft vor Deinen Augen.

Ich freue mich Deiner jetzigen Freude, aber ich glaube auch Grund zu haben, von dieser Verbindung viel für Dein künftiges Leben zu hoffen. Du hast nach Deinen individuellen Bedürfnißen ohne ärmliche Rücksichten eine Gattinn gewählt, und auf keinem andern Wege war es Dir möglich, den Schatz von häuslicher Glückseligkeit zu finden, dessen Du bedarfst. Du bist nicht fähig, als ein isolirtes Wesen bloß für selbstsüchtigen Genuß zu leben. Irgend eine lebhafte Idee, durch die ein berauschendes Gefühl Deiner Ueberlegenheit bey Dir entsteht, verdrängt zwar zuweilen eine Zeitlang alle persönliche Anhänglichkeit. Aber das Bedürfniß zu lieben und geliebt zu werden kehrt bald bey Dir zurück. Ich kenne die aussetzenden Pulse Deiner Freundschaft, aber ich begreife sie, und sie entfernen mich nicht von Dir. Sie sind in Deinem Charackter nothwendig und mit andern Dingen verbunden, die ich nicht anders wünschte. Mit Deiner Liebe wird es nicht anders seyn, und Deiner Gattinn, wenn ich vertraut genug mit ihr wäre um eine solche Äusserung wagen zu dürfen, würde ich nichts bessers an ihrem Vermählungstage wünschen können, als das Talent Dich in solchen Momenten nicht zu verkennen.

Lebewohl, und such' es Deiner Gattinn anschaulich zu machen was ich ihr seyn muß, sobald sie Deinen Namen führt. Tausend Glückwünsche von Minna und Dora.

Dein
Körner.

Friedrich Schiller an Christian Gottfried Körner

Jena den 1. Febr. 90. Montag.

... Meine Freundschaft hat nie gegen Dich ausgesetzt, das Wandelbare in meinem Wesen kann und wird meine Freundschaft zu Dir nicht treffen, sie, die selbst davon, wie Du auch immer gegen mich handeln möchtest, unabhängig ist. Ich könnte mich überreden, daß ich Dir aufgehört hätte, etwas zu seyn, daß Deine Vorstellungsart und Deine Empfindungsart einen Gang genommen hätten, auf dem sie der meinigen nicht leicht mehr begegneten, aber Du hättest es in der Gewalt, in jedem Augenblicke mein Vertrauen zu Dir und die ganze Harmonie unter uns wieder her zu stellen...

Daß wir getrennt von einander leben, und wie es das Ansehen hat, noch manche Jahre leben sollen, ist schlimm. Die Entfernung.wird uns den schönsten Genuß unsers Wesens rauben, aber laß uns unterdeßen den Funken lebendig erhalten, der in einer günstigern Lage der Dinge, an die ich noch immer mit Zuversicht glaube, der späteren Periode unsers Lebens die Wärme geben kann. Vielleicht fanden wir einander in der Jugend nur, um uns einmal ihren Verlust zu ersetzen, und unsre frühe Harmonie war nur die Anpflanzung des Baums, unter deßen Schatten wir einmal ruhen sollen... Du wirst mit keinem Menschen ein genaueres Band flechten als mit mir, und ich eben so wenig. Also haben werden wir einander immer...

Meinem künftigen Schicksal sehe ich mit heiterm Muth entgegen; jetzt da ich am erreichten Ziele stehe, erstaune ich selbst, wie alles doch über meine Erwartungen gegangen ist. Das Schicksal hat die Schwierigkeiten für mich besiegt, es hat mich zum Ziele gleichsam getragen. Von der Zukunft hoffe ich alles. Wenige Jahre, und ich werde im vollen Genuß meines Geistes leben, ja ich hoffe, ich werde wieder zu meiner Jugend zurückkehren, ein innres Dichterleben gibt mir sie zurück. Zum Poeten machte mich das Schicksal, ich könnte mich, auch wenn ich noch so sehr wollte, von dieser Bestimmung nie weit verlieren...

Das Collegienlesen wird mir jetzt schon etwas leichter, oder ich mache es mir leichter. Das Ausarbeiten der Vorlesungen habe ich aufgegeben und spreche jetzt frey und aus den Stegreif...
60 rth habe ich doch jetzt für das Collegium eingenommen... für 2 Collegien jedes halbe Jahr wären mir also doch ohngefehr 250 rth jährlich gewiß, und diese verdienen sich bequem und immer bequemer. So brauche ich nicht über 150-200 rth an Schriftstellerey zuzusetzen, und wie leicht sind mir doch 3, 400 zu verdienen...
Jezt aber lebe wohl. Meinen nächsten Brief denke ich Dir als Ehmann zu schreiben, wenn nicht wieder ein Hinderniß dazwischen kommt. Lottchen soll Dir selbst sagen, was Du ihr bist und was Du ihr gewesen bist, seitdem Dein Nahme zuerst vor ihr genannt wurde. Beide grüßen euch herzlich.

Lebewohl
Dein S.

***

Christian Gottfried Körner an Friedrich Schiller

Dresden den 9. Febr. 90. Dienstag.

Du hast meinen letzten Brief aufgenommen, wie ich erwartete. Wir verstehen uns wieder ganz, und es thut mir wohl, Dir mit völliger Unbefangenheit schreiben zu können...
Mein oekonomischer Plan soll, denke ich, mit höheren Zwekken weniger collidiren, als Du Dir einbildest. Ich getraue mir durch mein Beyspiel zu beweisen, daß ein juristisches Amt keine andern Anlagen, wo sie vorhanden sind, unterdrückt... Ich treibe Jurisprudenz als Handwerk, und will in diesem Handwerke kein Stümper seyn. Dieß verschafft mir eine angenehme bürgerliche und häusliche Existenz, und was mir von Zeit übrigbleibt, (...) ist mein völliges Eigenthum, und wird bloß dazu bestimmt, mich selbst auszubilden, und sodann die Resultate

dieser Ausbildung einem bessern Publikum vorzulegen. In diesem Geschäfte glaube ich alsdann weniger gestört zu werden, als wenn ich unreife Produkte um Geld zu verdienen in die Welt schicken müßte. Meine Foderungen an mich selbst bleiben immer groß, und nie sollen sie durch die günstige Aufnahme einer Arbeit, die mich nicht selbst befriedigt, herabgestimmt werden. Vielleicht bringe ich mehr hervor, wenn ich ruhiger, und ohne alle Rücksichten, als auf mein Ideal arbeite...

Es ist sonderbar, daß Du mehr Werth auf Deine philosophischen Arbeiten zu legen scheinst, und ich mehr das Talent der Darstellung bey Dir mit Wärme anerkenne. Indessen ist es leicht zu erklären. Das letztere Talent ist mir fremd, und ich verzweifle Dich je darin zu erreichen. Im philosophischen Nachdenken kann ich mich eher mit Dir messen. Ich vermisse hier und da Bestimmtheit und Vollständigkeit, und billige hier oft bloß, wenn ich dort bewundre...

Lebewohl. Minna und Dora grüßen.

Dein K.

***

Friedrich Schiller an Christian Gottfried Körner

Jena den 1 März 90 Montag.

Du wirst schon aus meinem langen Stillschweigen schließen, daß unterdeßen manches mit mir vorgegangen seyn müsse und Du schließest recht. Ich bin ein 8tägiger Ehmann, am letzten Montag als den 22sten wurden wir getraut und nach einer Zerstreuung von 8 Tagen ist dieß der erste ruhige Augenblick den ich Dir widmen kann. Nicht als ob wir in dieser Zeit in Sauß und Brauß gelebt hätten; es gieng alles ganz still und häußlich zu, aber meine Schwiegermutter war diese Woche über hier, und einige Besuche aus Weimar, die erste Einrichtungen kamen dazu, die mich nicht recht zum Schreiben kommen ließen...

Die Veränderung selbst ist so ruhig und unmerklich vor sich gegangen, daß ich selbst darüber erstaunte, weil ich mich bey dem Heurathen immer vor der Hochzeit gefürchtet habe. Ich weiß nicht, ob ich Dir schrieb, daß ich nach Erfurt gehen würde, um meine Frau dort abzuhohlen und den Coadjutor zu besuchen. Diese Reise gieng vor 12 Tagen vor sich und ich lebte 3 angenehme Tage in Erfurt, in Gesellschaft meiner Frau und Schwägerin welches mich nach und nach daran gewöhnte von ihnen ungetrennt zu seyn... Am vorletzten Sontag fuhren wir nach Jena, und den Montag darauf meiner Schwiegermutter entgegen, die von Rudolstadt kam. Noch unterwegs war die Trauung in einer Dorfkirche bey Jena, bey verschloßenen Thüren von einem kantischen Theologen (dem Adjunct Schmidt) verrichtet; ein sehr kurzweiliger Auftritt für mich. Das Geheimniß ist ganz über meine Erwartung geglückt, und alle Anschläge von Studenten und Profeßoren mich zu überraschen, wurden dadurch hintertrieben. Mit meiner Schwiegermutter verlebten wir nun noch einige angenehme Tage, und da unsre Einrichtung gleich ordentlich gemacht war, so gaben wir schon die ersten Tage ein volles schönes Bild des häußlichen Lebens. Ich fühle mich glücklich, und alles überzeugt mich, daß meine Frau es durch mich ist und bleiben wird. Meine Schwägerin bleibt bey uns, aber ich mußte ihr ein ander Logis miethen, weil es mir zwischen jetzt und Michaelis noch an Zimmern fehlt... Meine Frau hat eine Jungfer und ich einen Bedienten, die mir Beide nicht mehr zu unterhalten kosten, als Dir Ein Bedienter in Dresden...

Was für ein schönes Leben führe ich jetzt. Ich sehe mit fröhlichem Geist um mich her, und mein Herz findet eine immerwährende sanfte Befriedigung außer sich, mein Geist eine so schöne Nahrung und Erhohlung. Mein Daseyn ist in eine harmonische Gleichheit gerückt; nicht leidenschaftlich gespannt aber ruhig und hell giengen mir diese Tage dahin. Ich habe meiner Geschäfte gewartet wie zuvor, und mit mehr Zufriedenheit mit mir selbst...

Lebe wohl...

Dein S.

Friedrich Schiller an Christian Gottfried Körner

Jena den 26. März 90 Freitag.

... Gegenwärtig fehlt es mir sehr an einer angenehmen und befriedigenden Geistesarbeit; die Memoires, die Collegien, die Beiträge zur Thalia nehmen meine Ganze Zeit und mein Kopf ist überladen, ohne Genuß dabey zu haben. Wie sehne ich mich nach einer ruhigen und selbstgewählten Beschäftigung. Aber ich darf mir sobald keine Rechnung darauf machen. Es wird mir eben nicht eher wohl werden, biss ich wieder Verse machen kann. Das epische Gedicht will mir nicht aus dem Kopfe, ich muß einmal dazu Beruf in mir haben. Vor einiger Zeit konnte ich der Versuchung nicht widerstehen, mich in achtzeiligten Stanzen zu versuchen. Ich übersetzte etwas aus der Aeneis, fertig ist aber noch nichts, denn es ist eine verteufelte schwere Aufgabe...

Meine Frau will selbst etwas an Dich beyschließen... Lebe wohl und grüße Minna und Dorchen...

Dein S.

***

Christian Gottfried Körner an Friedrich Schiller

Dresden den 2. April 90. Freitag.

Dein Weibchen hat mich durch ihren Brief sehr angenehm überrascht. Ich finde einen ungekünstelten Ausdruck von Zartheit der Seele und ächter Wärme darin, den ich sehr hochschätze.

Dein Urtheil über meine Jamben macht mir viel Muth, und Du hasts sehr zu verantworten, wenn ich mir einbilde in dieser Gattung etwas leisten zu können. Aber darin hast Du sehr Unrecht, daß ich mir die Arbeit durch den philosophischen Inhalt sauer gemacht hätte. Gerade dieser hat mir sie erleichtert, und ich zweifle ob ich einem andern Stoffe, der erst durch dichterische Pracht gehoben werden müßte, gewachsen wäre. Und hierin liegt auch der Grund meines Zweifels, ob solche Producktte Gedichte sind? Sollte man nicht sagen können: so lange der Gedanke bloß philosophisch (abstrackt, nicht dramatisch unter besondern Verhältnißen, sondern im allgemeinen wahr) ist, so entsteht kein Gedicht auch durch eine noch so dichterische Einkleidung. Der Gedanke selbst muß individualisirt werden, muß dramatische Wahrheit bekommen, muß das Resultat eines besondern Charackters, besondrer Umstände seyn, muß dieß durch Einseitigkeit und Uebertreibung verrathen...

Meine Appellationsgerichtssache ist noch nicht entschieden. Doch ist viel Wahrscheinlichkeit für mich... Lebe wohl. Minna Dora und Karoline grüssen

Dein Körner.

***

Friedrich Schiller an Christian Gottfried Körner

Jena den 16. May 90. Sonntag.

Die Ferien sind vorbey und ich bin wieder im Geschirre; doch mehr in Göschens als der Academie...

Es lebt sich doch ganz anders an der Seite einer lieben Frau als so verlaßen und allein – auch im Sommer. Jezt erst genieße ich die schöne Natur ganz und mich in ihr. Es kleidet sich wieder um mich herum in dichterische Gestalten, und oft regt sichs wieder in meiner Brust. Das academische Karrenführen soll mir doch nie etwas anhaben. Freilich zu einem musterhaften Profeßor werde ich mich nie qualifizieren, aber dazu hat mich ja die Vorsehung auch nicht bestimmt. Erwarte also von mir wenig Compendien, aber desto gewißer etwas anders.

Zu meinem Vergnügen, und um doch für meine 200 rth. etwas zu thun lese ich, neben einem Privatum über die UniversalGeschichte, noch ein Publicum über den Theil der Aesthetik der von der Tragödie handelt. Bilde Dir ja nicht ein, daß ich ein aesthetisches Buch dabey zu Rathe ziehe. Ich mache diese Aesthetik selbst, und darum wie ich denke um nichts schlechter. Mich vergnügt es gar sehr, zu den mancherley Erfahrungen, die ich über diese Materie zu machen Gelegenheit gehabt habe, allgemeine philosophische Regeln und vielleicht gar ein scientifisches Prinzip zu finden. Es legt sich mir alles biss jetzt bewundernswürdig schön auseinander, und manche lichtvolle Idee stellt sich bey dieser Gelegenheit mir dar. Die alte Lust zum philosophiren erwacht wieder...

Grüße Minna und Dorchen herzlich von mir und meiner Frau. Lebwol

Dein S.

***

Christian Gottfried Körner an Friedrich Schiller

Dresden den 28. May. 90. Freitag.

Dein letzter Brief ist in einer Stimmung geschrieben, die mir sehr wohl thut. Schon im Jenaischen Lecktionsverzeichniße fand ich daß Du wenig angeschlagen hattest. Das aesthetische Kollegium habe ich ganz übersehen. Ich suchte Dich bloß im historischen Fache, und freute mich, daß Du Dich nicht mit Stunden überhäuft hattest. Daß Du in Jena wohnst ist für die Universität allein schon 200. Thaler werth. In Göttingen gab es auch solche Professoren, die bloß durch ihren Ruf der Universität nutzten, und denen man gar nicht zumuthete viel Vorlesungen zu halten. Die Dankbarkeit fodert höchstens ein Collegium. Deine übrige Zeit gehört theils Dir selbst theils den Buchhändlern die Dich gewiß besser als die Studenten bezahlen...

Ueber Deine Philosophie der Geschichte bekehre ich mich noch nicht. Mein Ideal von Philosophie und von Dir ist größer, als was Du noch jetzt geleistet hast...

Ich hoffe diesen Sommer mit Erfolg arbeiten zu können. Aber es ist immer noch Aussaat, wovon die Erndte sich sehr verspätigen kann. Vorjetzt beschäftigt mich der Stoff zu einer Theorie der Ideale der sich immer vergrößert und läutert. Kants Critik der Urtheilskraft macht mir wieder neue Arbeit. Wir begegnen uns in einigen Punkten und entfernen uns in andern. Hier muß ich durch. Ich fühle daß ich auf diesem Felde etwas leisten kann, und meine besten Stunden sollen dazu bestimmt seyn. Lebewohl. Minna und Dora grüßen schönstens. Deiner Gattinn viel Herzliches.

K.

***

Friedrich Schiller an Christian Gottfried Körner

Jena den 18. Jun 90 Freitag.

Wahrhaftig, ich schäme mich vor Dir, daß ich in meinem Ehestande ein so träger Correspondent werde und mich verdrüßt, daß ich gegen Dich das Ansehen haben soll, als ob ich mich verschlimmert hätte. Und doch kann ich Dir betheuern, daß Du der Einzige Mensch bist, an den ich überhaupt schreibe, und daß ich es alle Tage thun würde, wenn ich es nur irgend möglich machen könnte. Der 30jährige Krieg, den ich in Göschens Calender mache und der in den ersten Wochen Augusts fertig seyn muß, nimmt mir jetzt alle Stunden ein, und ich kann kaum zu Athem kommen...

Sonst wäre mir sehr wohl und ich könnte mich meines Lebens recht freuen. Auch wundre ich mich selbst über den Muth den ich bey diesen drückenden Arbeiten beibehalte; eine Wohlthat, die ich nur meiner schönen häuslichen Existenz verdanke. Ich bin täglich 14 Stunden, lesend und schreibend, in Arbeit und dennoch gehts so leidlich wie sonst nie...

Grüße Minna schön und lebewohl und lass bald von Dir hören

Dein S.

Christian Gottfried Körner an Friedrich Schiller

Dresden den 6. Okt. 90. Mittwoch.

... Göthe ist acht Tage hier gewesen und ich habe viel mit ihm gelebt. Es gelang mir ihm bald näher zu kommen, und er war mittheilender, als ich erwartet hatte. Wo wir die meisten Berührungspunkte fanden, wirst Du schwerlich errathen. – Wo sonst, als – im Kant? In der Kritik der teleologischen Urtheilskraft hat er Nahrung für seine Philosophie gefunden. Doch haben wir nicht bloß philosophirt, wenigstens nicht bloß über Natur. Seine Begriffe von Styl und Klassicität in der Kunst waren mir sehr interessant, und ich suche sie mit meiner Theorie der Ideale zu vereinigen. Hier waren wir auf ganz verschiednen Wegen; aber in seinem Gesichtspunkte ist viel Fruchtbares, das ich bis jetzt übersehen hatte. Auch verdanke ich ihm manche treffliche Winke im Genuß der bildenden Künste. Von seinen Elegien hat er uns einige vorgesagt. Ich kann sie nicht anders beschreiben als: ausgesprochne Gemälde von Situationen in Rom. Er hat sich möglichst bemüht bloß das Objeckt mit großter Bestimmtheit und Lebhaftigkeit so darzustellen, daß man über der Sache den Künstler vergißt. Sprache und Versifikation sind sehr gefeilt...

Mein Appellationsgericht behagt mir noch immer. Ich fange an im Collegium etwas zu gelten, und dieß um einen sehr leidlichen Preiß... Durch den einzelnen Fall wird mir ein Theil der Jurisprudenz nach dem andern geläufig, und in jeder Session fülle ich unmerklich eine Menge Lücken aus...

Lebewohl, und grüße Dein Weibchen herzlich von uns allen.

Dein K.

***

Friedrich Schiller an Christian Gottfried Körner

Jena den 1. Nov. 90 Montag.

... Die Ferien sind jetzt vorbey, und ich lese schon wieder seit 8 Tagen. Zwölf Tage brachte ich in Rudolstadt mit Eßen Trinken und Schachspielen oder Blindekuhspielen zu. Ich wollte ganz feyern und diese Erhohlung hat mir wohl gethan, obgleich sie mir gegen das Ende unerträglich wurde. Lange kann ich den Müßiggang nicht ertragen, solchen besonders, wo der Geist nicht einmal durch geistigen Umgang gepflegt wird. Sogar die Vorlesungen machen mir jetzt mehr Vergnügen. Ich erwerbe mir neue Begriffe, mache neue Combinationen und lege immer irgend etwas an Materialien für künftige Geistesgebäude auf die Seite...

Göthe hat uns viel von Dir erzählt und rühmt gar sehr Deine persönliche Bekanntschaft... Er war gestern bei uns, und das Gespräch kam bald auf Kant. Intereßant ists, wie er alles in seine eigne Art und Manier kleidet und überraschend zurückgibt, was er las, aber ich möchte doch nicht gerne über Dinge die mich sehr nah intereßiren mit ihm streiten. Es fehlt ihm ganz an der herzlichen Art, sich zu irgend etwas zu bekennen. Ihm ist die ganze Philosophie subjektivisch und da hört denn Ueberzeugung und Streit zugleich auf. Seine Philosophie mag ich auch nicht ganz. Sie hohlt zuviel aus der Sinnenwelt, wo ich aus der Seele hohle. Ueberhaupt ist seine Vorstellungsart zu sinnlich und betastet mir zu viel. Aber sein Geist wirkt und forscht nach allen Direktionen und strebt, sich ein Ganzes zu erbauen, und das macht mir ihn zum großen Mann.

Uebringens ergehts ihm närrisch genug. Er fängt an alt zu werden, und die oft von ihm gelästerte Weiberliebe scheint sich an ihm rächen zu wollen. Er wird wie ich fürchte, eine Thorheit begehen und das gewöhnliche Schicksal eines alten Hagestolz haben. Sein Mädchen ist eine ziemlich berüchtigte Mademoiselle Vulpius, die ein Kind von ihm hat, und sich nun in seinem Hause fast so gut als etablirt hat. Es ist sehr wahrscheinlich daß er sie in wenigen Jahren heirathet. Sein Kind soll er sehr lieb haben, und er wird sich bereden, daß wenn er das Mädchen heirathet, es dem Kind zu lieb geschähe, daß dieses wenigstens das Lächerliche dabey vermindern könnte...

Lebe einstweilen wohl... Meine Frau zeichnet viel und befleißigt sich sehr aufs Singen. Diesen Winter wird hier viel getanzt und das ist gewißen Leuten eine gar liebliche Aussicht. Nur ich weiß nicht, wo ich mich hinthun werde, wenn die Jugend tanzt... Lebe wohl.

Dein Schiller

***

Christian Gottfried Körner an Friedrich Schiller

Dresden den 11. Nov. 90. Donnerstag.

... Auch mir ist Göthe zu sinnlich in der Philosophie. Aber ich glaube daß es für Dich und mich gut ist uns an ihm zu reiben, damit er uns warnt, wenn wir uns im Intellecktuellen zu weit verlieren. Seine Heyrath mit der Vulpius würde mich nicht sehr befremden. Erstlich fragt sich vielleicht, ob die schlimmen Gerüchte von ihr gegründet sind, und dann wäre es wohl möglich, daß man ihm sein bisheriges Verhältniß nicht in Ruhe fortsetzen ließe. Denke Dir den Fall, daß er dem Mädchen gut ist, daß alle Welt auf sie loshackt, daß er ihr in einer kleinen Stadt keine erträgliche Existenz verschaffen kann, ohne sie zur Frau zu nehmen. In Weimar scheint man über das Concubinat noch etwas anders zu denken, als in Berlin...

Lebewohl. Herzliche Grüße von Minna und Dora an Dich und Dein Weibchen.

Dein Körner

***

Friedrich Schiller an Christian Gottfried Körner

Jena d 12 Jenner 91 Mittwoch.

Gestern kam ich von einer 12tägigen Reise wieder hier an. In Erfurt begegnete mir das Unglück von einem heftigen Catarrhfieber angegriffen zu werden daß ich einen ganzen Tag das Bette und einige Tage das Zimmer hüten mußte. Ich wartete mir aber ab, daß es bey einem einzigen Anfall blieb, der aber so heftig war, daß ich und mein Artzt für dem Seitenstich und einem hitzigen Fieber bange waren. Jetzt bin ich wieder ganz hergestellt und bedaure nur die Tage, die ich in Erfurt durch meine Krankheit verlor. Meine dortigen Freunde suchten mir diesen Unfall so leidlich als möglich zu machen und der Coadjutor besuchte mich mehrmals... Auf den Julius ohnfehlbar erhälst Du einen Besuch von uns beiden von meiner Schwägerin, meiner Schwiegermutter und vielleicht auch der Frau v. Stein. Früher kann es nicht geschehen, weil der 30jährige Krieg mir keine so große Zerstreuung erlaubt. Da ich auf den Sommer nur 2mal die Woche lesen werde so hat es mit einer Reise von 8 Tagen keine Noth. Das Jahr 1791 bringt uns also zuverläßig zusammen...

Es ist mir jetzt wieder noch einmal so wohl, denn seit meiner Erfurter Reise bewegt sich wieder der Plan zu einem Trauerspiel in meinem Kopfe, und ich habe einen Gegenstand für abgerissene poetische Momente. Lange habe ich nach einem Sujet gesucht, das begeisternd für mich wäre, endlich hat sich eins gefunden und zwar ein historisches...

Adieu. Meine Frau grüßt Dich und die beiden herzlich

Dein S.

***

Christian Gottfried Körner an Friedrich Schiller

Dresden den 11 Febr 91. Freitag.

Ich glaubte Dich schon über den Berg, und erstaunte über den letzten Brief von Deiner Frau (Schillers Krankheitsanfall hatte sich wiederholt – C.T.) Mach' uns ja nicht wieder so einen Streich. Schade vor Deine ganze Professur, und das Corpus academicum dazu. Was kannst Du dafür, daß Du nicht mit solchen StentorTalenten begabt bist, als nöthig ist um Dein Auditorium auszufüllen? Es mag mancherley Dinge geben, mit denen Du mehr vermagst, als mit der Lunge. Also würde ich das Schreyen andern überlassen. Deine Feder ist laut genug...

Lebewohl und schone Dich. Viel Grüße von Minna und Dora.

Dein Körner.

***

Friedrich Schiller an Christian Gottfried Körner

Jena den 22 Febr. 91. Dienstag.

Endlich nach einer langen Unterbrechung kann ich mich wieder mit Dir unterhalten. Meine Brust, die noch immer nicht ganz hergestellt ist, erlaubt es nicht, daß ich viel schreibe... Dieser noch fortdauernde Schmerz auf einer bestimmten Stelle auf meiner Brust, den ich bei starkem Einathmen, Husten oder Gähnen empfinde und der von einem Gefühl der Spannung begleitet ist, beunruhigt mich in manchen Stunden, da er durchaus nicht weichen will, und läßt mich zweifeln, ob meine Krankheit durch eine vollkommene Crise gehoben ist. Alles andre geht sonst gut, Appetit, Schlaf, Kräfte des Körpers und der Seele, obgleich die Kräfte sehr langsam sich einstellten. Es machte meine Krankheit gefährlicher, daß sie Recidiv war. Schon in Erfurt erlebte ich einen Anfall, der aber durch einen dortigen nicht ungeschickten Artzt mit zu weniger Aufmerksamkeit behandelt und weniger kurirt als zugedekt wurde. Gegen 8 Tage nach diesem ersten Anfall befand ich mich wohl, in Weimar wo ich gegen 3 Tage war fühlte ich gar nichts, aber schon den andern Tag nach meiner Heimkunft, wo ich wieder zu lesen angefangen hatte, kam das Fieber und nahm mit großer Heftigkeit zu. Doch war die Krankheit mehr Seitenstich als Lungenentzündung, welche höchstens auf der Oberfläche rechter Seits inflammirt war. Am 3ten Tag spie ich Blut und empfand etwas von Beklemmungen, welche mich aber durch die ganze Krankheit wenig plagten... Eine starke Aderläße, Blutigel... verschafften mir Luft. Der blutige Auswurf färbte sich bald und hatte guten Eiter. Nur die üble Einmischung des Unterleibs machte das Fieber complicirt... Mein geschwächter Magen brach 3 Tage lang alle Medizin weg. In den ersten 6 Tagen konnt ich keinen Bißen Nahrung zu mir nehmen, welches mich bey so starken Ausleerungen der ersten und zweyten Wege und der Heftigkeit des Fiebers so sehr schwächte, daß die kleine Bewegung, wenn man mich vom Bette zu dem Nachtstuhl trug mir Ohnmachten zuzog und daß mir der Arzt vom siebenten biß eilften Tag nach Mitternacht mußte Wein geben lassen. Nach dem Siebenten Tag wurden meine Umstände sehr bedenklich, daß mir der Muth ganz entfiel aber am 9ten und 11ten erfolgten Crisen... Erst 8 Tage nach Aufhören des Fiebers vermochte ich einige Stunden außer dem Bette zuzubringen, und es stand lange an, ehe ich am Stock herum kriechen konnte. Die Pflege war vortreflich, und es trug nicht wenig dazu bey, mir das Unangenehme der Krankheit zu erleichtern, wenn ich die Aufmerksamkeit und die thätige Theilnahme betrachtete die von vielen meiner Auditoren und hiesigen Freunden mir bewiesen wurde. Sie stritten sich darüber, wer bey mir wachen dürfte und einige thaten dieses 3 mal in der Woche... Nach den ersten 10 oder 12 Tagen kam meine Schwägerin von Rudolstadt und ist noch hier, ein höchstnöthiger Beystand für meine liebe Lotte, die mehr gelitten hat als ich. Auch meine Schwiegermutter besuchte mich auf 8 Tage und diesem innigen Leben mit meiner Familie, dieser liebevollen Sorge für mich, den Bemühungen meiner andern Freunde mich zu zerstreuen danke ich größtentheils meine frühere Genesung. Zu meiner Stärkung schickte mir der Herzog ein halb Duzend Bouteillen Madera, die mir neben Ungarischem Wein vortreflich bekommen...

Daß ich diesen Winter nicht mehr lese, versteht sich von selbst, aber auch den Sommer habe ich beschloßen, noch auszuruhen... Wenn ich alsdann auch wieder lese, so werden es nur privatissima seyn, eines in einem ganzen Halbjahr, welches ich auf meiner Studierstube lesen kann, wo der größere Preiß allenfalls ersetzt, was an der Menge der Auditoren abgeht, und wo ich überhaupt die ganze Arbeit mehr als Conversation und Unterhaltung behandeln kann. So werde ich künftigen Winter förmlich Aesthetik studieren und darüber lesen... und wenn ich mir ein rechtes Fest machen will, so denke ich dem Plan zu meinem Trauerspiele nach, der mich seit einiger Zeit sehr beschäftigt hat.

Genug für dießmal. Grüße Minna und Dorchen herzlich von mir und meiner Lotte und lebe wohl

Dein Schiller

***

Christian Gottfried Körner an Friedrich Schiller

Dresden den 1. März. 91. Dienstag.

Du hast eine schreckliche Krankheit überstanden, und es ist als ob Du mir von neuem geschenkt wärst... Wohl Dir, daß Du eine so brave Gattinn gefunden hast! Ohne ihre Sorgfalt hättest Du schwerlich gerettet werden können. Deine jetzige Empfindung auf der Brust kann sehr leicht bloß aus einer größern Reizbarkeit eines noch wunden Theils entstehen, der erst nach und nach völlig heilt... Wenn Du mit Deinem Unterleibe nicht zufrieden bist, so fehlt es gewiß an Bewegung. Laß Dich ja nichts abhalten regelmäßig eine Stunde täglich dazu auszusetzen... Du hast die Gewohnheit Dich beym Arbeiten sehr zusammenzukrümmen; ein Stehpult wäre Dir gewiß sehr nützlich; allenfalls mit einem Sattel um halb dabey zu sitzen...

Für heute lebwohl, und erhalte Dich uns. Deine liebe Frau grüße herzlich.

Dein Körner.

***

Friedrich Schiller an Christian Gottfried Körner

Jena den 3 März 91. Donnerstag.

... Du erräthst wohl nicht, was ich jetzt lese und studiere? Nichts schlechteres als – Kant. Seine Critik der Urtheilskraft, die ich mir selbst angeschafft habe, reißt mich hin durch ihren neuen lichtvollen geistreichen Inhalt und hat mir das größte Verlangen beygebracht, mich nach und nach in seine Philosophie hinein zu arbeiten. Bei meiner wenigen Bekanntschaft mit Philosophischen Systemen würde mir die Critik der Vernunft und selbst einige Reinholdische Schriften für jetzt noch zu schwer seyn und zuviel Zeit wegnehmen. Weil ich aber über Aesthetik schon selbst viel gedacht habe und empirisch noch mehr darin bewandert bin, so komme ich in der Critik der Urtheilskraft weit leichter fort, und lerne gelegenheitlich viele Kantische Vorstellungsarten kennen, weil er sich in diesem Werke darauf bezieht und viele Ideen aus der Critik der Vernunft in der Critik der Urtheilskraft anwendet. Kurz ich ahnde, daß Kant für mich kein so unübersteiglicher Berg ist, und ich werde mich gewiß noch genauer mit ihm einlassen. Da ich künftigen Winter Aesthetik vortragen werde so gibt mir dieses Gelegenheit einige Zeit auf Philosophie überhaupt zu wenden...

Lebe wohl und grüsse mir Minna und Dorchen. Meine Lotte und meine Schwägerin empfehlen sich euch bestens.

Schreibe mir bald wieder

Dein S.

Christian Gottfried Körner an Friedrich Schiller

Dresden den 13. März. 91. Sonntag.

Die Nachricht von Deiner philosophischen Bekehrung hat mich so in Athem gesetzt, daß ich Dir heute beynahe ein Paar Bogen philosophica geschickt hätte... Kant spricht bloß von der Wirkung der Schönheit auf das Subjekt. Die Verschiedenheit schöner und häßlicher Objekte, die in den Objekten selbst liegt, und auf welcher diese Classifikation beruht, untersucht er nicht. Daß diese Untersuchung fruchtlos seyn würde behauptet er ohne Beweis, und es fragt sich, ob dieser Stein der Weisen nicht noch zu finden wäre...

Lebwohl und grüsse Dein Weibchen. Minna und Dora grüssen.

Dein Körner.

***

Christian Gottfried Körner an Friedrich Schiller

Loschwitz den 19. Aug. 91. Freitag.

... Meine Schriftstellerey ist jetzt sehr in den Winkel gestellt. Auch denke ich manchmal: wer soll am Ende lesen, wenn alles schreiben will? Und das Lesen ist doch auch nicht so leicht als man denkt. Wirklich sehe ich immer mehr ein, daß alles, was ich von Werken der Darstellung leisten könnte, nur Dilettantenkram seyn würde. Es fehlt mir vielleicht nicht an Kunstgefühl, aber an einer gewissen Kunstfertigkeit, die sich in meiner jetzigen Lage schwerlich nachholen läßt. Und nichts ist mir unausstehlicher als Stümperey. Glaube nicht, daß mich die Akten abstumpfen. Ich habe noch immer den vollen Genuß an allem, was jede Art von Kunst vortreffliches liefert. Aber meine Verehrung gegen das wahre Talent macht daß ich mir sehr albern vorkomme, wenn ich in einzelnen Stunden etwas ähnliches von dem leisten will, worauf andre die Uebung vieler Jahre verwendet haben. An Planen fehlt mirs nicht, und ich getraute mir manchen guten Kopf zu beschäftigen, wenn sich die guten Köpfe so anstellen ließen, und nicht lieber ihre eignen Ideen ausführten... Bey uns ist alles wohl... Deiner Frau und Schwägerinn empfehlen wir uns alle.

Dein K.

***

Christian Gottfried Körner an Friedrich Schiller

Dresden den 25. Sept. 91. Sonntag.

Nur ein Paar Zeilen um Dir zu melden, daß meine Frau wieder ihre Schmerzen überstanden hat, und daß ich einen Jungen habe. Am Mittwoch schon äusserten sich Zeichen einer nahen Niederkunft und am Freytage gegen Abend wurde es Ernst. Nach 10. sahe man, daß das Kind wieder eine unnatürliche Lage hatte und die Wehen nichts bewürkten. Alberti mußte also helfen. Die Operation war lange und schmerzhafter als bey der Emma. Ueberhaupt hat Minna heftigere Schmerzen ausgestanden, wenn gleich nicht so lange Zeit als das letzte Mal. Jetzt ist sie aber so wohl, als ob sie keine Wöchnerinn wäre, und das Kind fängt auch an sich zu erholen. Es mochte nicht ganz ausgetragen seyn. Minna erwartete auch ihre Niederkunft erst in ein Paar Wochen. Auch litt das Kind bey der Geburt, und wäre vielleicht ohne Albertis Hülfe gar nicht gerettet worden. Es ist daher schwächlich, trinkt aber jetzt gut und wird ruhiger. Wir haben eine gute Amme. – Herzliche Grüße an Dich von Minna und Dora und von uns allen an Dein Weibchen. Mich verlangt nach Antwort auf meinen letzten Brief.

K.

***

Friedrich Schiller an Christian Gottfried Körner

Jena den 3. 8br. 91. Montag.

Meine herzlichsten Glückwünsche zu dem endlich angelangten Stammhalter des Körnerischen Geschlechts, dem ich meinen beßten Segen zurufe. Ich freue mich eurer Freude und bin in diesem Augenblick unter euch, sie mit euch zu theilen. Warum kann ich überhaupt nicht einige Wochen mit euch verleben? Aber meine noch immer so ungewisse Gesundheit machte mir die Ruhe und Ordnung höchst nöthig, die ich diesen ganzen Sommer habe entbehren müssen. Auch meine gute Lotte bedarf ihrer; das Leiden dieses Jahrs hat ihren schwachen Körper sehr angegriffen, und jetzt ist es dringend nöthig, daß sie sich abwarte. Diß war auch Ursache daß wir Erfurt früher verließen, als wir anfangs im Sinne hatten. Ich habe an diesem Ort im Umgang mit Dalberg viel Vergnügen genoßen, und mehr, als ich bei einer so oft unterbrochnen Gesundheit erwarten konnte. Deßen ohngeachtet habe ich mich nach Jena gesehnt, weil ich hier doch zu Hause bin, alle Bequemlichkeit genieße, die bey einem kränklichen Zustand so unentbehrlich ist, und weil ich hier im Umgang mit meinesgleichen und der Auswahl talentvoller junger Leute mich selbst mehr genießen kann. In den letzten Wochen meines Erfurter Auffenthalts habe ich auch wieder angefangen, zu arbeiten, und weil ich glücklicher weise schon dieses Frühjahr über die nächste Periode des 30-jährigen Kriegs viel gedacht und gelesen, so gieng mir die Arbeit sehr leicht von statten. Ohne mich zu sehr anzustrengen konnte ich Tags 4 auch 5 Stunden dictiren, und so brachte ich in 14 Tagen 5 gedruckte Calenderbogen zu stande...

Adieu. Tausend herzliche Grüße von Minna und Dorchen.

Ewig Dein
S.

***

Friedrich Schiller an Christian Gottfried Körner

Jena den 24. 8br. 91 Montag.

Es geht jetzt ziemlich erträglich mit mir. Obgleich der Athem nie frey ist und noch immer Krämpfe im Unterleib mich beunruhigen, so bin ich doch zu Beschäftigungen aufgelegt, und kann, wenn sie mich stark interessieren, Stundenlang meine Umstände darüber vergeßen...

So ist mirs denn hier ganz leidlich. Ich sehe oft Menschen bei mir und werde es so einrichten, daß ich einige Abende regelmäßig Gesellschaft bey mir haben kann. Zwey Tage in der Woche sind schon durch 2 privat-Clubbs unter guten Freunden besetzt, nun will ich noch 2 dazu bestimmen. Viel Ausgabe machen diese Butterbrodsgesellschaften nicht; wenn ich das halbe Jahr 4 Louisdors mehr dran wende, so kann ich alle Wochen 2 mal 3 auch 4 Menschen bitten, und zu meinem Wohlseyn ist dieß so nöthig. Nun fehlt mir bloß Equipage, um jeden Tag spazieren zu fahren, dadurch würde mir sehr viel geholfen seyn, aber diesem Wunsch muß ich freilich entsagen.

Für meine Lotte wünschte ich wohl einige leidlichere Frauengesellschaften, denn in diesem Stücke sieht es hier sehr traurig aus. Es ist ein Glück, daß sie Liebhabereyen hat mit denen sie sich beschäftigt, wenn ich zu thun habe. Meine Krankheit hat dadurch, daß sie mich ganz ausser Thätigkeit setzte, uns so aneinander gewöhnt, daß ich sie nicht gern allein laße. Auch mir macht es, wenn ich auch Geschäfte habe, schon Freude, mir nur zu denken, daß sie um mich ist, und ihr liebes Leben und Weben um mich herum, die kindliche Reinheit ihrer Seele und die Innigkeit ihrer Liebe gibt mir selbst eine Ruhe und Harmonie, die bey meinem hypochondrischen Uebel ohne diesen Umstand fast unmöglich wäre. Wären wir beide nur gesund, wir brauchten nichts weiter, um zu leben wie die Götter...

Tausend herzliche Grüße von uns beiden an die gute Minna und Dorchen. Was gäb ich Dir dafür, wenn Du, ehe Du selbst mit der Minna kommen kannst uns Dorchen auf 4 Wochen laßen könntest. Meine Frau wüßte sich nicht zu haben vor Freude.

Adieu

Dein

S.

***

Friedrich Schiller an Christian Gottfried Körner

Jena, 13. December 1791. Dienstag.

Ich muß Dir unverzüglich schreiben, ich muß Dir meine Freude mittheilen, lieber Körner. Das, wonach ich mich schon so lange ich lebe auf's Feurigste gesehnt habe, wird jetzt erfüllt. Ich bin auf lange, vielleicht auf immer aller Sorgen los; ich habe die längst gewünschte Unabhängigkeit des Geistes. Heute erhalte ich Briefe aus Kopenhagen vom Prinzen von Augustenburg und vom Grafen von Schimmelmann, die mir auf drei Jahre jährlich tausend Thaler zum Geschenk anbieten, mit völliger Freiheit zu bleiben wo ich bin, bloß um mich von meiner Krankheit völlig zu erholen. Aber die Delicatesse und Feinheit, mit der der Prinz mir dieses Anerbieten macht, könnte mich noch mehr rühren, als das Anerbieten selbst. Ich werde Dir die Briefe in acht oder zehn Tagen schicken. Sie wünschen zwar, daß ich in Kopenhagen leben möchte, und der Prinz schreibt, daß, wenn ich dann angestellt sein wollte, man dazu Rath schaffen würde, – aber dies geht sobald nicht, da meine Verbindlichkeit gegen den Herzog von Weimar noch zu neu ist, und noch vieler anderen Ursachen wegen. Aber hinreisen werde ich doch, wenn es auch erst in einem oder zwei Jahren geschieht.

Wie mir zu Muthe ist, kannst Du denken. Ich habe die nahe Aussicht, mich ganz zu arrangiren, meine Schulden zu tilgen und, unabhängig von Nahrungssorgen, ganz den Entwürfen meines Geistes zu leben. Ich habe endlich einmal Muße zu lernen und zu sammeln, und für die Ewigkeit zu arbeiten. Binnen drei

Jahren kann ich dann entweder in Dänemark eine Versorgung finden, oder es fällt mit Mainz etwas vor – und dann bin ich zeitlebens gedeckt...

Tausend Grüße an Minna und Dorchen, von mir und meiner Lotte.

Ewig Dein
S.

***

Christian Gottfried Körner an Friedrich Schiller

Dresden den 16. Dec. 91. Freitag.

Nur ein Paar Zeilen wenigstens muß ich noch mit der heutigen Post fortschicken, da ich eben Deinen letzten Brief erhalte. Für Dich konnte sich nichts erwünschteres ereignen, als dieser glückliche Zufall, daß unter den Menschen, die sich für Dich interessiren gerade einer ist, der so viel für Dich thun kann, als der Prinz von Holstein. Dorchen sagt mir daß er in Karlsbad viel Wärme für Dich gegen sie geäussert hat, daß ihm besonders Deine Geschichte der Niederlande sehr lieb ist, und daß er sich als damals viel von Dir und Deiner Krankheit gesprochen wurde, nach Deinen Verhältnißen sehr genau erkundigt hat. – Unsre Freude kannst Du Dir denken. Jetzt genieße nun ungestört der Ruhe und Muße die Dir gewährt ist. Wirf alle Buchhändlerarbeit bey Seite, die Dir nicht Genuß giebt. Lebe für Dich und für die Zukunft.

Eine traurige Empfindung mischt sich bey mir in die Freude über Dein Glück – daß wir in einem Zeitalter und unter Menschen leben, wo eine solche Handlung angestaunt wird, die doch eigentlich so natürlich ist...

Dein
Körner.

***

Christian Gottfried Körner an Friedrich Schiller

Dresden den 20. Dec. 91. Dienstag.

Seit Deinem letzten Briefe kann ich den Prinzen von Holstein und Deine schönen Aussichten für die Zukunft nicht aus dem Kopfe bringen. Jetzt kommt es nur darauf an, von diesen günstigen Umständen den größten möglichen Vortheil zu ziehen...

Fühlst Du nun Deine Gesundheit gestärkt so hast Du einen Zeitraum von Musse gewonnen, in dem Du Deinem höheren Ziele um ein Großes näher rücken kannst. Und jetzt leben meine alten Hoffnungen wieder auf, daß wir noch einst mit vereinten Kräften, obwohl jeder auf seinem eignen Wege nach einem gemeinschaftlichen Zwecke streben werden.. ich fühle noch Kraft und Beruf in einer bessern Sphäre zu wirken. Beynahe wäre Deine Prophezeihung eingetroffen. Ich hatte mir meine juristischen Geschäfte idealisirt, ich fieng an sie lieb zu gewinnen, und sie als Kunst zu betreiben. Ich täuschte mich soweit, daß ich meine jetzige Beschäftigung für meine wahre Bestimmung hielt, und selbst in dem Falle, daß es mir durch oekonomische Unabhängigkeit möglich wurde, keinen Grund fand sie aufzugeben. Einen andern Glauben habe ich jetzt leider nicht mir selbst, sondern einem an sich geringfügigen Umstande zu danken, der mir die platte Wirklichkeit in meinem Geschäfte auf einmal recht anschaulich machte. Dieß brachte mich zum Nachdenken über diese Art von Thatigkeit überhaupt, und ich fand freylich, was ich vorher nicht bemerkt hatte, daß das Wenige, was man dabey leisten kann die Zeit und Anstrengung nicht werth ist, die man einem höhern Zwecke entzieht. Eigenthum ist ein gemeines Bedürfniß der Menschheit, für das tausend andre eben so gut, und besser arbeiten können als ich. Aber für die dringendern, höhern und verkannten Bedürfniße zu arbeiten ist Pflicht und Bestimmung für jeden, der sie erkennt, und Fahigkeiten in sich fühlt zu ihrer Befriedigung etwas beyzutragen. So wirst Du als Künstler wirken, ich vielleicht als Philosoph...

Lebewohl.

Dein Körner.

Friedrich Schiller an Christian Gottfried Körner

Jena d 1. Jan. 1792. Sonntag.

... wie schön, wenn wir beide, gleich unabhängig, unsre Neigung in Gemeinschaft befriedigen, und in einer frohen bürgerlichen und häusslichen Existenz vereinigt unsern Idealen leben könnten... Ich beginne das neue Jahr mit den besten Hofnungen. Bin ich auch noch nicht gesund, so hat mein Kopf doch seine ganze Freiheit und an meiner Thätigkeit werde ich durch meine Krankheit wenig gehindert...

Wir haben ausgemacht, wenigstens für dieses Jahr eigne Pferde zu halten, daß ich alle Tage in der Regel zwey Stunden ausfahren kann. Da ich ohnehin in diesem Jahr drey Reisen, zu Dir, ins Karlsbad..., und auf den Herbst ins Reich zu meiner Familie vor mir habe... so habe ich den Vortheil jeden Tag auszufahren und sowohl nach Rudolstadt als Weimar nach Gefallen Excursionen zu machen fast umsonst...

Ich treibe jetzt mit grossem Eifer Kantische Philosophie und gäbe viel darum, wenn ich jeden Abend mit Dir darüber verplaudern könnte. Mein Entschluß ist unwiderruflich gefaßt, sie nicht eher zu verlaßen, biss ich sie ergründet habe, wenn mich dieses auch 3 Jahre kosten könnte. Uebrigens habe ich mir schon sehr vieles daraus genommen und in mein Eigenthum verwandelt. Nur möchte ich zu gleicher Zeit gerne Locke, Hume und Leibnitz studiren...

Meine häußliche Existenz hat jetzt sehr viel Abwechslung, und diese macht mich frisch zur Arbeit. Ich habe die Einrichtung getroffen, daß ich Mittags und Abends mit 5 guten Freunden, meist jungen Magistern, zusammen speise, die bey meinen Hausjungfern mit mir in die Kost gehen. So habe ich, ohne mit der Besorgung beschwert zu seyn, täglich einen gesellschaftlichen Tisch, und da es zum Theil Kantianer sind, so versiegt die Materie zur Unterhaltung nie. Nach Tische wird zuweilen gespielt, ein Behelf, der mir seit meiner Krankheit fast nothwendig worden ist. Habe ich nun vollends Wagen und Pferde, so fehlt mir nichts zu einer angenehmen Existenz und ich denke daß eine tägliche 2

Stunden lange Erschütterung meinen Unterleib in 2 Monaten weiter bringen soll, als die Apotheke in 2 Jahren...

Dein
Sch.

(Schiller war mit seiner Familie einige Wochen in Dresden. C.T.)

***

Friedrich Schiller an Christian Gottfried Körner

Jena den 25. May 92 Freitag.

... Ich bin jetzt voll Ungeduld, etwas poetisches vor die Hand zu nehmen, besonders jückt mir die Feder nach dem Wallenstein. Eigentlich ist es doch nur die Kunst selbst, wo ich meine Kräfte fühle; in der Theorie muss ich mich immer mit Principien plagen. Da bin ich bloß ein Dillettant. Aber um der Ausübung selbst willen philosophiere ich gern über die Theorie; die Critik muß mir jetzt selbst den Schaden ersetzen, den sie mir zugefügt hat. Und geschadet hat sie mir in der That, denn die Kühnheit, die lebendige Glut, die ich hatte, eh mir noch eine Regel bekannt war, vermisse ich schon seit mehreren Jahren. Ich s e h e mich jetzt erschaffen und bilden, ich beobachte das Spiel der Begeisterung, und meine Einbildungskraft beträgt sich mit minder Freiheit, seitdem sie sich nicht mehr ohne Zeugen weiß. Bin ich aber erst so weit, daß mir Kunstmäßigkeit zur Natur wird, wie einem wohlgesitteten Menschen die Erziehung, so erhält auch die Phantasie ihre vorige Freiheit zurük, und setzt sich keine andern als freiwillige Schranken.

Oft widerfährt es mir, daß ich mich der Entstehungsart meiner Produkte, auch der gelungensten, schäme. Man sagt gewöhnlich, daß der Dichter seines Gegenstandes voll seyn müße, wenn er schreibe. Mich kann oft eine einzige, und nicht immer eine wichtige, Seite des Gegenstandes einladen, ihn zu bearbeiten, und erst unter der Arbeit selbst entwickelt sich Idee aus Idee. Was mich antrieb, die Künstler zu machen, ist gerade weggestrichen worden, als sie fertig waren. So wars beym Karlos selbst. Mit Wallenstein scheint es etwas beßer zu gehen; hier war die Hauptidee auch die Aufforderung zum Stücke. Wie ist es aber nun möglich, daß bei einem so unpoetischen Verfahren doch etwas vortrefliches entsteht? Ich glaube, es ist nicht immer die lebhafte Vorstellung seines Stoffes, sondern oft nur ein Bedürfniß nach Stoff, ein unbestimmter Drang, nach Ergießung strebende Gefühle, was Werke der Begeisterung erzeugt. Das Musikalische eines Gedichts schwebt mir weit öfter vor der Seele, wenn ich mich hinsetze es zu machen, als der klare Begriff vom Innhalt, über den ich oft kaum mit mir einig bin. Ich bin durch meine Hymne an das Licht, die mich jetzt manchen Augenblick beschäftigt, auf diese Bemerkung geführt worden. Ich habe von diesem Gedicht noch keine Idee aber eine Ahndung, und doch will ich im voraus versprechen, daß es gelingen wird...

Lebe wohl und grüße Minna und Dorchen herzlich von mir.

Dein
S.

***

Friedrich Schiller an Christian Gottfried Körner

Jena den 21. Sept 92. Freitag.

Wünsche mir Glück. Eben schike ich den letzten Bogen Mscrpt fort. Jetzt bin ich frey und ich will es für immer bleiben. Keine Arbeit mehr, die mir ein anderer auflegt oder die einen andern Ursprung hat als Liebhaberey und Neigung. Ich werde 8 oder 10 Tage schlechterdings nichts thun, und sehen, ob die völlige Ruhe des Kopfs, freie Luft, Bewegung und Gesellschaftsgewäsche an meiner Gesundheit nichts verbeßern.

Meine Mutter hat mich 2 Tage früher überrascht, als ich, den Briefen von der Solitude nach, erwarten konnte. Die große Reise, schlechte Witterung und Wege haben ihr nichts angehabt. .

Meine jüngste Schwester, die 15 Jahr alt ist, hat sie begleitet... Sie ist noch sehr Kind der Natur, und das ist noch das beßte, da sie doch keine vernünftige Bildung hätte erhalten können...

Sage mir nun woran ich mich jetzt zuerst machen soll? Mir ist ordentlich bange bey meiner wiedererlangten Geistesfreiheit. Vor einem größern Ganzen fürchte ich mich noch, daher zweifle ich, ob der Wallenstein sogleich daran kommen wird. Ich hätte Lust mir durch ein Gedicht die Musen wieder zu versöhnen, die ich durch den Calender gröblich beleidigt habe. Aber welches? Auch darüber bin ich unschlüßig...

Dein

S.

***

Friedrich Schiller an Christian Gottfried Körner

Jena den 6. Nobrs 92 Dienstag.

Ich habe jetzt mein privatissimum in der Aesthetik angefangen und bin nun in einer gewaltigen Thätigkeit. Da ich mich nicht an den Schlendrian halten kann, so muss ich mich ziemlich zusammennehmen, um zu 4 biß 5 Stunden in der Woche hinlänglichen Stoff zu haben. Auch sehe ich an den ersten Vorlesungen, wie viel Einfluß dieses Collegium auf Berichtigung meines Geschmackes haben wird. Der Stoff häufft sich jemehr ich fortschreite und ich bin jetzt schon auf manche lichtvolle Idee gekommen. Mit der Zahl und der Beschaffenheit meiner Zuhörer bin ich sehr zufrieden. Ich habe 24 wovon mich 18 bezahlen, jeder einen Louisdor. Also schon 100 hiesige Thaler, und dieses Geld verdiene ich bloß dadurch, daß ich mir einen reichen Vorrath von Ideen zu schriftstellerischem Gebrauche zusammentrage, und obendrein vielleicht zu einem Resultat in der Kunst gelange...

Minna und Dorchen herzliche Grüße von uns beiden.

Dein

S.

Friedrich Schiller an Christian Gottfried Körner

Jena, 21. December 1792. Freitag.

... Weißt Du mir niemand, der gut in's Französische übersetzte, wenn ich etwa in den Fall käme, ihn zu brauchen? Kaum kann ich der Versuchung widerstehen, mich in die Streitsache wegen des Königs einzumischen (die beabsichtigte Hinrichtung Ludwig XIV. in Frankreich – C. T.) und ein Memoire darüber zu schreiben. Mir scheint diese Unternehmung wichtig genug, um die Feder eines Vernünftigen zu beschäftigen; und ein deutscher Schriftsteller, der sich mit Freiheit und Beredsamkeit über diese Streitfrage erklärt, dürfte wahrscheinlich auf diese richtungslosen Köpfe einigen Eindruck machen. Wenn ein Einziger aus einer ganzen Nation ein öffentliches Urtheil sagt, so ist man wenigstens auf den ersten Eindruck geneigt, ihn als den Wortführer seiner Classe, wo nicht seiner Nation anzusehen; und ich glaube, daß die Franzosen gerade in dieser Sache gegen fremdes Urtheil nicht ganz unempfindlich sind... Der Schriftsteller, der für die Sache des Königs öffentlich streitet, darf bei dieser Gelegenheit schon einige wichtige Wahrheiten mehr sagen, als ein anderer, und hat auch schon etwas mehr Credit. Vielleicht räthst Du mir an zu schweigen, aber ich glaube, daß man bei solchen Anlässen nicht indolent und unthätig bleiben darf. Hätte jeder freigesinnte Kopf geschwiegen, so wäre nie ein Schritt zu unserer Verbesserung geschehen. Es giebt Zeiten, wo man öffentlich sprechen muß, viel Empfänglichkeit dafür da ist, und eine solche Zeit scheint mir die jetzige zu sein.

Lebe wohl. Tausend Grüße von uns an Minna und Dorchen.

Dein
Schiller.

***

Christian Gottfried Körner an Friedrich Schiller

Dresden, 27. December 1792. Donnerstag.

Deine Idee für den König von Frankreich zu schreiben, würde mich noch mehr interessiren, wenn sie schon jetzt, und ehe sein Schicksal entschieden ist, ausgeführt wäre...

Ob man jetzt schweigen oder reden soll, ist eine schwere Frage. Die Stimme der Vernunft wird in dem Moment der Krise nicht gehört; alles schwankt zwischen zwei Extremen der Leidenschaft – Furcht oder Uebermuth. Nur Leidenschaft kann mit Erfolg zur Leidenschaft sprechen; aber die veredelte zur ausgearteten, die Begeisterung zur Schwärmerei, der ächte Patriotismus zur Empörungssucht. Aber wo die Krise noch nicht ihren Anfang genommen hat, darf sie nach meiner Ueberzeugung ein wohlwollender Schriftsteller nicht beschleunigen. Sein Zweck mag noch so edel sein, er ist nie Herr über das Mittel, das er gebrauchen will. Das Werk seines Geistes darf er nie dem Zufalle preisgeben, aber das Werk des Zufalls kann er zu einem Kunstwerk erhöhen. – Ist die Krise geendigt, so ist es Zeit zu einer freimüthigen aber ruhigen Untersuchung. Diese kann sodann einen neuen Vorrath von bestimmten und fruchtbaren Ideen in Umlauf bringen, der bei einer künftigen Krise seine wohlthätigen Wirkungen äußern würde. Für diesen Zeitpunkt spare ich mancherlei auf, das ich jetzt mir über gewisse Gegenstände ausgedacht habe. Daß aber schon jetzt ein Ausländer von anerkanntem Rufe durch ein Werk der Beredsamkeit sich einen Einfluß auf die Franzosen verschaffen könne, möchte ich zwar nicht bestreiten, aber ich zweifle an der Dauer dieser Wirkung. Die politische Sophisterei ist vielleicht nie in größerer Vollkommenheit getrieben worden, als jetzt bei diesem Volke, und die Beweglichkeit, mit der seine Empfindung so leicht von einem Extreme zum anderen übergeht, macht es dem neuen Redner nie schwer, den Eindruck des vorhergehenden wieder auszulöschen.

Lebewohl.

Dein
Körner.

Friedrich Schiller an Christian Gottfried Körner

Jena den 20. Jun. 93. Donnerstag.

Ich habe lange geschwiegen, aber ich denke diese Beilage (Über Anmut und Würde – C.T.) soll mich hinlänglich rechtfertigen. Du hast aber auch eben so lange geschwiegen – wirst Du auch eine Entschuldigung haben?

Ich habe diesen Aufsatz in nicht gar 6. Wochen verfertigt. Urtheile daraus, ob ich fleißig bin, und fleißig genug für einen Kranken.

Diese Arbeit hat mir viele Freude gemacht, und ich denke, keine ganz ungegründete. Betrachte sie als eine Art von Vorläufer meiner Theorie des Schönen. Eins weiß ich voraus, wo ich Dich sehr auf meiner Seite haben werde, und ich bin begierig zu erfahren, ob ich Dir darinn werde genug gethan haben.

An meine Zergliederung des Schönen werde ich mich bald machen. Ich werde sie in Briefen an den Prinzen von Augustenburg abhandeln, mit dem ich jetzt schon über diese Materie correspondire. Ich bin ihm einen öffentlichen Beweis von Aufmerksamkeit schuldig und weiß daß er nicht unempfindlich dagegen ist. Außerdem habe ich bey einer solchen Einkleidung den großen Vortheil, daß eine freyere und unterhaltende Behandlung mir gleichsam Pflicht wird...

In der Theorie des Schönen werde ich auch die Principien der schönen Kunst abhandeln, und da denke ich etwas zu leisten...

An Minna und Dorchen unsre herzlichste Grüße. Lebewohl

Dein S.

***

Friedrich Schiller an Christian Gottfried Körner

Jena den 3. Jul. 93 Mittwoch.

Nunmehr ist es durch die Aussage des Accoucheur entschieden daß meine Frau sich schon im siebenten Monat der Schwangerschaft befindet und also gegen Ausgang Septembers spätestens ihre Entbindung zu erwarten hat. Ich bitte Dich jetzt um alles, lass mich die Freude, die auf mich wartet, nicht mit dem Verlust einer andern büßen, auf die ich schon so sicher gerechnet hatte, und siehe zu, daß Du gegen die Mitte dieses Monats die Reise zu uns antreten kannst. Ich muß jetzt schlechterdings in der ersten Woche des Augusts fort, damit meine Frau einen ganzen Monat wenigstens vor ihrer Entbindung in Ruhe bleiben kann, und in der ersten Zeit unsrer Ankunft in Schwaben ist noch an keine Ruhe zu denken...

Ich kann Dir übrigens nicht genug sagen, wie wohl mir jetzt ums Herz ist, daß ich erstlich von der Unruhe befreyt bin, die mir die unerklärbaren und bedenklichen Zufälle meiner Frau schon seit 3 Monaten verursacht haben, und nun auch die Vollendung häußlicher Glückseligkeit von jetzt an entgegen sehen kann. Ich brauchte oft den ganzen Beystand der Philosophie, um bey dem Anblik meiner leidenden Lotte und beym Gefühl meiner eigenen verfallenden Gesundheit frischen Muth zu behalten. Jetzt bin ich die Hälfte meines Leidens los, und aus der andern, die mich selbst betrift, mache ich mir jetzt auch viel weniger. Es ist mir, als wenn ich die auslöschende Fakel meines Lebens in einem andern wieder angezündet sähe, und ich bin ausgesöhnt mit dem Schicksal...

Geht nun auch das Wochenbette glücklich vorüber, und will mir der Himmel Mutter und Kind erhalten, so fehlt mir nichts wesentliches mehr zu meiner Zufriedenheit. Lebewohl und erfreue mich bald mit einer Antwort, wie ich sie wünsche.

Dein S.

***

Christian Gottfried Körner an Friedrich Schiller

Dresden, den 7. Jul. 93. Sonntag.

Meinen herzlichen Glückwunsch zu Deiner Beruhigung über Lottchens Gesundheit, und zu der frohen Aussicht, die sich für Euch beide eröffnet. Der Schriftsteller sollte vielleicht, wie der Soldat, weder Ehemann noch Vater sein. Aber wehe dem, der sich auf die Schriftstellerexistenz einschränken wollte! In jüngern Jahren ist es möglich bloß für die Kunst zu leben. Aber wenn die Momente der Begeisterung seltner werden, und unsre Thätigkeit sich mehr auf Geschäfte des Fleißes, des Scharfsinns, des Geschmacks einschränkt, da wird das Bedürfniß dringender, sich als den Mittelpunkt eines glücklichen häuslichen Zirkels zu sehen, und in der Freude der Wesen, die uns angehören, sich eine neue Quelle von Genuß zu eröffnen.

Dein vorletzter Brief hat mich traurig gemacht. Ich begriff die Nothwendigkeit wohl, unsere Zusammenkunft zu beschleunigen, aber auf meiner Seite sehe ich nur im Geringsten nicht, wie ich es möglich machen kann...

Dir kann ich nicht zumuthen Deine Reise aufzuschieben, weil die Niederkunft Lottchens herannaht. Also werden wir wohl von dieser Hoffnung Abschied nehmen müssen. Laß uns einander nicht weich machen – wir sehen uns gewiß im künftigen Jahre... Der Aufenthalt in Deinem Vaterlande wird Dir gewiß wohlthun. Dein Lottchen wird unter der Pflege Deiner Familie sich ganz wieder erholen, und auch für das kleine Wesen, das Dir sein Dasein verdankt, wirst Du weniger ängstlich zu sorgen haben, wenn die Erfahrung Deiner Mutter Dir beistehen kann.

Die Kinder sind gesund und ich auch. Mein Carl würde Dir viel Freude machen. Man giebt mir schuld, daß ich den Jungen vorziehe. Wahr ist's, daß ich mich mit ihm mehr beschäftigen kann, als ich's mit Emma thun konnte. – Lebe recht wohl. Tausend Grüße von Minna und Dora. Deinem Lottchen sage viel Herzliches von mir.

Dein Körner

Friedrich Schiller an Christian Gottfried Körner

Jena den 17. Jul. 1793. Mittwoch.

... Die schönen Aussichten, die ich vor mir habe, erhellen mir das Herz. Ich werde zugleich die Freuden des Sohns und des Vaters genießen, und es wird mir zwischen diesen beiden Empfindungen der Natur innig wohl seyn...

Die Liebe zum Vaterland ist sehr lebhaft in mir geworden, und der Schwabe, den ich ganz abgelegt zu haben glaubte, regt sich mächtig. Ich bin aber auch eilf Jahre davon getrennt gewesen, und Thüringen ist das Land nicht, worinn man Schwaben vergeßen kann. Den Herzog v. Wirtemberg sehe ich schwerlich, denn mein Auffenthalt ist in Heilbronn, und Stuttgardt werde ich nicht besuchen...

Die Kalb hat wieder angefangen sich zu regen. Sie hat mich gebeten, ihren Sohn einen Hofmeister ausfindig zu machen, und ich übernahm diesen Auftrag mit um so größerer Bereitwilligkeit, je wichtiger es mir ist, ihr zu zeigen, daß sie in jeder schicklichen und gerechten Sache auf mich rechnen kann...

Lebe wohl und grüße Minna und Dorchen beßtens von uns beyden...

Dein S.

***

Friedrich Schiller an Christian Gottfried Körner

Heilbronn den 27. August. 93. Dienstag.

Ich schreibe Dir sehr spät, lieber Körner, weil die Ermüdung von der Reise, übles Befinden und Zerstreuungen mich seither gar nicht zum Schreiben kommen ließen. Wir sind am 8ten des Monats nach einer zwar beschwerlichen, aber von allen üblen Zufällen freien, Reise glücklich hier angelangt. Meine Frau hat die Strapazen sehr gut ausgehalten und befindet sich sehr wol. Mit mir ist es immer das alte. Die Meinigen fand ich wohl auf, und wie Du denken kannst, sehr vergnügt über unsre Wiedervereinigung. Mein Vater ist in seinem 70gsten Jahr das Bild eines gesunden Alters, und wer sein Alter nicht weiß, wird ihm nicht 60 Jahre geben. Er ist in ewiger Thätigkeit und diese ist es was ihn gesund und jugendlich erhält. Meine Mutter ist auch von ihren Zufällen frey geblieben, und wird wahrscheinlich ein hohes Alter erreichen. Meine jüngste Schwester ist ein hübsches Mädchen geworden und zeigt viel Talent. Die zweyte Schwester versteht die Wirthschaft sehr gut, und führt jetzt in Heilbronn meine Oeconomie.

Es ist hier theurer zu leben als in Jena. Lebensmittel, Wohnung, Holz sind kostbare Artikel...

Der Neckarwein schmekt mir desto beßer, und das ist etwas, was ich auch Dir gönnen möchte. So enorm theuer dieß Jahr alles, und besonders der Wein ist, so trinke ich doch für daßelbe Geld noch einmal soviel Wein als in Thüringen, und zwar vortreflichen...

Lebt alle glüklich und vergnügt, und denkt unser mit Liebe.

Dein S.

***

Friedrich Schiller an Christian Gottfried Körner

Ludwigsburg d. 15. Sept. 93. Sonntag.

Wünsche mir Glück lieber Körner. Ein kleiner Sohn ist da, die Mutter ist wohl auf, der Junge groß und stark, und alles ist glücklich abgelaufen. Nicht 6 Tage waren wir hier angelangt, so gieng es los.

Ich habe Heilbronn verlaßen, wo mir alle häußliche Bequemlichkeit fehlte und für diese große Entbehrung keine Entschädigung war. Hier bin ich vortreflich logiert und meiner Familie, meinen Freunden um ein gutes Theil näher. Ludwigsburg ist von Stuttgardt und der Solitude nur 3 Stunden. Die Stadt ist überaus schön und lachend, und ob sie gleich eine Residenz ist, so lebt man darinn auf dem Lande. Der Herzog, scheint es, will mich ignorieren, und das ist mir gerade recht...

Dein S.

***

Christian Gottfried Körner an Friedrich Schiller

Dresden, den 22. Sept. 93. Sonntag.

Wohl Dir und Deinem Weibchen, daß Ihr nun auch in unserm Orden seid. Es ist ein eigner Genuß, ein solches kleines Wesen um sich zu sehen, das einem so nahe angehört. Wer diesen Genuß entbehrt, lernt den Werth des Lebens nie vollständig kennen. – Wir freuen uns herzlich, daß alles so gut abgegangen ist. Schreib' uns bald wieder, wie es in den Sechswochen geht...

Dein Körner

***

Friedrich Schiller an Christian Gottfried Körner

Ludwigsburg den 4. 8br 93. Freitag.

Meine kleine Familie ist noch immer recht wohl auf, und meine Frau ist in ihrem Wochenbette von den alten Zufällen freier geblieben als jemals. Ich bin noch immer mit meinem alten Leiden geplagt und die vaterländische Luft will noch gar keine Wirkung zeigen. Sonst bin ich mit dem hiesigen Aufenthalt ganz wohl zufrieden, die theure Lebensart ausgenommen...

Von meinen alten Bekannten sehe ich viele, aber nur die wenigsten interessiren mich. Es ist hier in Schwaben nicht soviel Stoff und Gehalt als Du Dir einbildest, und diesen wenigen fehlt es gar zu sehr an der Form. Manche, die ich als helle, aufstrebende Köpfe verließ, sind materiell geworden und verbauert. Bei einigen andern fand ich noch manche der Ideen in Gang, die ich selbst ehmals in ihnen niederlegte: ein Beweis, daß sie bloße Gefäße sind... Einer meiner ehmaligen familiärsten Jugendfreunde, Doktor Hoven von hier, ist ein brauchbarer Arzt geworden, aber als Schriftsteller, wozu er sehr viel Anlage hatte, zurückgeblieben. Mit ihm habe ich von meinem 13ten Jahr biß fast zum 21. alle Epochen des Geistes gemeinschaftlich durchwandert. Zusammen dichteten wir, trieben die Medicin und Philosophie. Ich bestimmte gewöhnlich seine Neigungen. Jetzt haben wir so verschiedene Bahnen genommen, daß wir einander kaum mehr finden würden, wenn ich nicht noch medicinische Reminiscenzen hätte... Unter den jungen Künstlern in Stuttgardt ist Dannecker, ein Bildhauer, der beste... Er hat in Rom, wo er viele Jahre lebte, seinen Geschmack sehr gut gebildet, hat sehr schöne Ideen und führt sie geistreich aus...

Ich habe noch wenig arbeiten können, ja es gibt viele Tage, wo ich Feder und Schreibtisch hasse. So ein hartnäckiges Uebel, so sparsam zugewogene freie Intervalle drücken mich oft schwer. Nie war ich reicher an Entwürfen zu schriftstellerischen Arbeiten, und nie konnt ich, wegen der elendesten aller Hindernisse, wegen körperlichen Druckes, weniger ausharren. An größere Compositionen darf ich gar nicht mehr denken, und bin froh, wenn ich nur von Zeit zu Zeit ein kleines Ganze vollenden kann. – Ich habe jetzt wieder eine kleine Schrift, etwa wie Anmuth und Würde angefangen, die mir oft viele Freude macht. Sie handelt vom ästhetischen Umgang. Soviel ich weiß, hat man darüber noch nichts philosophisches, und ich hoffe, Du sollst an der Ausführung sehen, daß diese Materie von sehr vielem Interesse ist. Ueber das Naive werde ich gleichfalls einen kleinen Traktat... aufsetzen. Ich bin mit keiner Erklärung dieses Phänomens, wie sie in unsern Theorieen aufgestellt sind, zufrieden, und hoffe etwas darüber zu sagen, was mehr befriedigt...

Ich bin neugierig, welchen Nachfolger man Reinholden in Jena geben wird. Ich finde ihn schon nicht mehr, wenn ich zurückkomme. Fichte würde gewiß eine sehr gute Acquisition seyn, und ihn, wenigstens dem Gehalt des Geistes nach, mehr als ersetzen...

Lebe wohl und laß mich bald etwas von Dir hören...

Sch.

PS. Der Brief ist einen Posttag liegen geblieben. Meine Frau erholt sich täglich mehr und ist schon etlichemal spazieren gewesen.

***

Friedrich Schiller an Christian Gottfried Körner

Ludwigsburg den 10. Dec. 93. Dienstag.

Ich habe es müssen darauf ankommen lassen, Dich diese Zeit über wegen meiner in Ungewißheit zu lassen, denn ich hatte ordentlich einen physischen Widerwillen gegen das Schreiben. Ein so hartnäckiges Uebel als das meinige, welches bey noch so mannichfaltigen Einwirkungen von aussen auch nicht die geringste Veränderung erfährt, weder zum Schlimmen noch zum Guten, müßte endlich auch einen stärkern Muth als der meinige ist, überwältigen. Ich wehre mich dagegen mit meiner ganzen Abstraktionsgabe, und wo es angeht mit der ganzen Fruchtbarkeit meiner Einbildungskraft, aber immer kann ich doch nicht das Feld behalten. Seit meinem letzten Brief an Dich vereinigte sich sovieles meine Standhaftigkeit zu bestürmen. Eine Krankheit meines Kleinen, von der er sich aber jetzt vollkommen wieder erhohlt hat, meine eigene Krankheit, die mir so gar wenig freie Stunden läßt, die Unbestimmtheit meiner Aussichten in die Zukunft... der Zweifel an meinem eigenen Genius, der durch gar keine wohlthätige Berührung von aussen gestärkt und ermuntert wird, der gänzliche Mangel einer geistreichen Konversazion, wie sie mir jetzt Bedürfniß ist! Bey dieser hinfälligen Gesundheit muss ich alle Erweckungs Mittel zur Thätigkeit aus mir selbst nehmen, und anstatt einige Nachhülfe von aussen zu empfangen, muss ich vielmehr mit aller Macht dem widrigen Eindruck entgegenstreben, den der Umgang mit so heterogenen Menschen auf mich macht. Meine Gefühle sind durch meine Nervenleiden reizbarer und für alle Schiefheiten, Härten, Unfeinheiten und Geschmacklosigkeiten empfindlicher geworden. Ich fodre mehr als sonst von Menschen, und habe das Unglück mit solchen in Verbindung zu kommen, die in diesem Stück ganz verwahrloßt sind. Wäre ich mir nicht bewußt, daß die Rücksicht auf meine Familie den vornehmsten Antheil an meiner Hieherkunft gehabt hätte – ich könnte mich nie mit mir selbst versöhnen. Doch warum schlage ich Dich mit solchen Betrachtungen nieder und wozu hilft es mir? Gebe nur der Himmel, daß meine Geduld nicht reisse, und ein Leben, das so oft von einem wahren Tod unterbrochen wird, noch einigen Werth bey mir behalte.

Laß es Dich also nicht wundern oder nimm es nicht empfindlich auf, wenn ich unter uns beiden jetzt der weniger thätige bin. Ich erinnre mich, daß ich das Gegentheil war, und es thut mir selbst am meisten leid, daß ich jetzt mehr empfangen muß, als ich geben kann. Ich will es nicht läugnen, daß ich eine Zeitlang empfindlich auf Dich war. Schon lange ist es bloß meine Thätigkeit die mir mein Daseyn noch erträglich macht, und es kann mir unter diesen Umständen begegnet seyn, daß ich diesen subjektiven Werth, den meine neueren Arbeiten für mich haben, für objektiv nahm, und beßer davon dachte, als sie wohl werth seyn mögen. Kurz, ich bildete mir ein, sowohl in meinen Briefen vom vergangenen Winter, als in einigen neuern gedruckten Aufsätzen, Ideen ausgestreut zu haben, die einer wärmern Aufnahme würdig wären, als sie bei Dir fanden. Bey dieser Dürre um mich her wäre es mir so wohlthätig gewesen, eine Aufmunterung von Dir zu erhalten, und bey der Meinung, die ich von Dir habe, konnte ich mir Dein Stillschweigen oder Deine Kälte nur zu meinem Nachtheil erklären. Ich brauchte aber wahrhaftig eher Ermunterung, als Niederschlagung, denn zu großes Vertrauen auf mich selbst ist nie mein Fehler gewesen. Du konntest, wie ich jetzt wohl einsehe, nicht wissen, wie sehr ich Deiner Hilfe bedurfte, Du konntest den Zustand meiner Seele nicht errathen; aber so billig urtheilte ich in denjenigen Momenten nicht von Dir, wo ich meine Erwartungen und Wünsche getäuscht fand. Daß ich Dir diese Entdeckung jetzt mache, beweißt, daß ich über diesen Zustand gesiegt und meine Partey genommen habe. Vergiß also alles, und laß es auf Deine Freiheit gegen mich keinen Einfluß haben.

Sey so gut und schicke mir, sobald Du schreibst, entweder das Original oder die Copie derjenigen von meinen Briefen, worinn ich angefangen habe, Dir meine Theorie der Schönheit zu entwickeln. Ich brauche diese Ideen jetzt nothwendig zu meiner gegenwärtigen Beschäftigung, und bin eben daran, die Theorie des Schönen zu entwickeln... Zehen Bogen sind bereits fertig, wo ich das Schöne und den Geschmack bloß in seinem Einfluß auf den Menschen und die Gesellschaft betrachte, und die reichhaltigsten Ideen aus den Künstlern philosophisch ausgeführt sind. Meine Gesundheit erlaubt mir jetzt weniger als sonst, Entwürfe, deren Vollendung mir am Herzen ligt, auf die lange Bank zu verschieben...

Meine Frau ist seit ihren Wochen viel gesünder als je, und das ist auch der größte äußere Trost den ich jetzt habe. Der Kleine ist gesund, und meine Familie auf der Solitude auch bei dem besten Wohlseyn. Tausend herzliche Grüße an Minna und Dorchen...

Dein S.

***

Christian Gottfried Körner an Friedrich Schiller

Dresden den 20. Dec. 93. Freitag.

Ich hatte schon überall nach Dir mich erkundigt, weil ich das ganzliche Ausbleiben Deiner Briefe nicht begreifen konnte, als endlich Dein Brief erschien... der mismüthige Ton, der darin herrscht, macht mich traurig. Daß Deine Gesundheitsumstände nicht schlimmer werden, ist bey der Art Deines Uebels schon an sich ein gutes Zeichen... Bedenke Dein Alter und erinnere Dich, daß ich auch mit einem weit geringern Uebel ein Paar Jahre zu kämpfen hatte, und nur ohngefähr seit einem Jahre mich ganz wieder hergestellt fühle. Gleichwohl darf ich noch jetzt gewiße diatetische Vorschriften nicht vernachläßigen. Ich hatte nur neulich die wollenen Socken die ich im Winter trage, weggelegt, und spürte gleich die Würkung davon. Dich hab' ich auch im Verdacht, daß Du in der Wahl der Kleidung und Bewegung, im späten Aufsitzen und dergleichen nicht immer vorsichtig genug bist...

Daß Du meine Äusserungen über Deine neuern Arbeiten misverstanden hast, ist eine Folge Deiner jetzigen Stimmung. Du solltest an mir gewohnt seyn, daß ich mich um so mehr zur strensten Kritik aufgefodert fühle, je mehr mich Person, Stoff und Produkt interessirt; daß bey jedem, was Du leistest, meine Foderungen an Dich immer höher steigen. – ...

Minna und Dora grüssen Dich und Dein Lottchen herzlich. Es freut uns sehr, daß ihre Gesundheit so viel gewonnen hat. Dora wird ihr nächstens schreiben. Auch Deiner Schwägerinn sage viel herzliches von uns allen. Lebe wohl.

Dein Körner.

***

Friedrich Schiller an Christian Gottfried Körner

Stuttgardt den 17. März 94. Montag.

Ich habe jetzt meinen Aufenthalt verändert, und zwar in Rücksicht des gesellschaftlichen Umgangs sehr vorteilhaft, weil hier in Stuttgardt gute Köpfe aller Art und Handthierung sich zusammenfinden...

Mein Fleiß wird diese 8 Wochen durch nicht sehr groß seyn, aber es wird mir nach einer 8 Monate langen Dürre wohl thun, mich wieder unter denkenden Menschen zu befinden. Ich habe Dir noch immer nichts geschickt, weil es an der Abschrift meiner Correspondenz fehlt, welche nicht ohne vorhergegangene Revision des Mscrpts von meiner Seite geschehen kann. Ich habe aber schon 8 Wochen ganz in dieser Materie pausirt, um den Plan zu – meinem Wallenstein weiter auszuarbeiten. Nach und nach reift dieser doch zu seiner Vollendung heran, und ist nur der Plan fertig, so ist mir nicht bange, daß er in 3 Wochen ausgeführt seyn wird. Mit meiner Gesundheit gieng es biß jetzt leidlich, und sonst ist alles wohl, und der kleine macht uns mit jedem Tag mehr Freude. Alles grüßt euch herzlich und ich sehne mich nach Nachrichten von euch

Dein S.

***

Christian Gottfried Körner an Friedrich Schiller

Dresden den 28. März 94. Freitag.

Es freut mich, daß Du in Stuttgard eine angenehmere Existenz hast. Nur laß Dich nicht verleiten länger als bis zu Ende des Mays dort zu bleiben. Ich reise diesen Sommer gewiß nach Zerbst und möchte Dich gern in Jena oder Leipzig sehen...

Zum Wallenstein wünsche ich von Herzen Glück. Sobald Du

gesund und heiter bist, wirst Du schnelle Fortschritte machen...

Gearbeitet habe ich neuerlich nichts. Ich lese jetzt viel in den Griechischen Dichtern. Ich will mir die Sprache ganz geläufig machen, und mich dann überzeugen, ob der hohe Rang den man ihnen ertheilt, auf blindes Nachsprechen oder auf Wahrheit gegründet ist. Aeschylos hat mich doch oft sehr gewonnen. In seinen Planen ist eine Einfachheit die mir wohl thut, und in der Darstellung habe ich doch Kraft und Hoheit öfter gefunden, als ich erwartete. Zuweilen sind die Bilder zu sehr gehäuft... Aber einen Geist höherer Art der seinen Stoff rein und würdig auffaßte kann man nicht verkennen...

Lebwohl...

Körner.

***

Friedrich Schiller an Christian Gottfried Körner

Stuttgard den 23. April 94. Mittwoch.

Jetzt noch einige Wochen Geduld mit mir lieber Körner, dann soll mit meiner häußlichen Existenz auch unser schriftlicher Commerz wieder in seine Ordnung kommen. Binnen 6 oder 7 Tagen, wenn nichts dazwischen kommt, reise ich von hier ab und hoffe Dir vom 8 oder 10 May aus Jena Nachricht geben zu können. Herzlich sehne ich mich nach einer ruhigen und gleichförmigen Lebensart und dieser Wunsch ist so mächtig, daß ich mein Vaterland mit erleichtertem Herzen verlaßen werde.

Mit mir selbst ist es dieses Frühjahr beßer gegangen als im vorigen, wozu freilich die ganz beyspielloß angenehme Witterung vieles beytragen mag. Seit 4 Wochen blühen hier schon die Bäume, und ich genieße aus meinem Gartenhauß, das ich bewohne, den ganzen Einfluß des wieder auflebenden Jahres. Meine Frau und der Kleine sind wohl auf; nun fürchte ich einige Unbequemlichkeiten auf der Reise von wegen des Zahnens, das ziemlich stark ansetzt.

Deinem Besuch in Jena sehe ich mit wahrer Kinderfreude entgegen... Du kannst bey mir wohnen, denn ich beziehe jetzt ein ander Logis, wo viel Raum ist.

Meine Büste von Danecker wird ganz vortreflich... Gegen Anfang des Julius... werden wir sie haben können, und dann sollst Du Dir Deinen Abguß bey mir abhohlen...

S.

***

Friedrich Schiller an Christian Gottfried Körner

Jena den 18. May. 94. Sonntag.

Nur in 2 Worten schreibe ich Dir, daß ich seit 3 Tagen glücklich hier angekommen bin. Wir haben die 9tägige Reise recht wohl überstanden und der Kleine befand sich ganz vortreflich, daß er uns weit mehr zur Freude als zur Last gereichte. Hier in Jena erhielt ich Deinen Einschluß von Humbold, und wünsche Dir zu dem glücklichen Gang der Inoculation bey Deinen Kindern herzlich Glück. Jetzt hast Du doch das schlimmste überstanden, und kannst Dich nun erst Deiner Familie recht freuen. Humbold spricht mit wahrer Begeisterung von Deiner Bekanntschaft, und mir geht immer das Herz auf, wenn er von Dir spricht. Er wird mir Deine Briefe mittheilen, und so hast Du es künftig mit uns beiden zu thun. Welches Leben wird das seyn, wenn Du hieher kommst und die Dreieinigkeit vollendest: Humbold ist mir eine unendlich angenehme und zugleich nützliche Bekanntschaft; denn im Gespräch mit ihm entwikkeln sich alle meine Ideen glücklicher und schneller. Es ist eine Totalität in seinem Wesen, die man äuserst selten sieht, und die ich außer ihm nur in Dir gefunden habe. Er hat zwar vor Dir sehr viel an einer gewißen Leichtigkeit voraus, die man sich in seinen Verhältnißen leichter erwerben kann als in den unsrigen;

aber was er auf der Oberfläche gegen Dich gewinnt, das gewinnst Du reichlich gegen ihn an Tiefe.

In der neuen Ausgabe seiner philosophischen Religionslehre hat Kant sich über meine Schrift von Anmuth und Würde herausgelaßen, und sich gegen den darinn enthaltenen Angriff vertheidigt. Er spricht mit großer Achtung von meiner Schrift, und nennt sie das Werk einer Meisterhand. Ich kann Dir nicht sagen, wie es mich freut, daß diese Schrift in seine Hände fiel, und daß sie diese Wirkung auf ihn machte. Bald mehreres. Tausend Grüße von uns beiden an Euch alle.

Dein Sch.

***

Christian Gottfried Körner an Friedrich Schiller

Dresden den 25. May. 94. Sonntag.

Es ist doch viel besser, daß Du wieder in Jena bist. Unser Briefwechsel hatte durch Deine weitere Entfernung sehr gelitten. Jetzt hoffe ich nun bald von Dir zu erfahren, ob der Wallenstein oder die aesthetischen Briefe fortgerückt sind. Für Deine Gesundheit habe ich immer beßere Hoffnungen. Nur vergiß Deinen Körper nicht, wenn Du über der Arbeit oder in der Freude bist.

... Bey mir geht alles noch gut. Gestern sind die Kinder zum ersten Male ausgefahren, und Karl hat zu Ehren seiner Mannheit zum ersten Male in Hosen geprangt. Man hatte ihn versichert, daß ein Bart zu den Hosen gehörte. Wie ihm also der Schneider die Hosen bringt, fragt er: wo Bart is?

Humbold wird Dir ein angenehmer Umgang seyn, wie er es mir war...

Daß Kant Dich vorzüglich schätzt, wundert mich nicht. Es ist eine gewisse Aehnlichkeit zwischen euch beyden in dem Charakter eures Geists, die man bey genauerer Vergleichung wohl bemerken kann...

Die Meße ist für die Litteratur nicht sehr ergiebig. Göthens Reinecke Fuchs ist fast das Bedeutendste. Was sagst Du zu Herders Aufsatz über die Auferstehung? Mir gefällt der Ton des Ganzen...

Tausend Grüße von Minna und Dora an Dich und Dein Weibchen. Dora klagt daß sie nicht schreibt.

Dein K.

***

Friedrich Schiller an Christian Gottfried Körner

Jena den 12. Jun 94. Donnerstag.

Ich bin seit meiner Zurückkunft zwar an wirklichen Ausarbeitungen ziemlich unfruchtbar, aber an Projekten desto ergiebiger gewesen. Das Bleibendere und solidere unter diesen wird Dir die Beilage zeigen (eine Einladung zur Mitarbeit an den Horen – C.T.). Es ist ein Entwurf, mit dem ich mich schon ins dritte Jahr trage und der endlich einen unternehmenden Buchhändler zur Ausführung gefunden hat (Cotta – C.T.). Humbold ist sehr dafür eingenommen, und auf Dich ist sehr gerechnet. Wenn es uns gelingt, wie ich mir gewisse Hoffnung mache, daß wir eine Auswahl der besten humanistischen Schriftsteller zu diesem Journale vereinigen, so kann es an einem glücklichen Erfolg bey dem Publicum gar nicht fehlen. Hier in loco sind unserer vier: Fichte, Humboldt, Woltmann und ich. An Goethe, Kant, Garve, Engel, Jacobi, Gotter, Herder, Klopstock, Voß, Maimon, Baggesen, Reinhold, Blankenburg, v. Thümmel, Lichtenberg, Matthisson, Salis und einige andere ist theils schon geschrieben worden, theils wird es noch geschehen. Dich haben wir zu einem beurtheilenden Mitglied bestimmt... Ein beurtheilendes Mitglied erhält für den Bogen sechs Louisd'or Honorar... Mir als Redacteur ist von dem Verleger außer dem Honorar noch eine fixe Summe bestimmt.

Unser Journal soll ein Epoche machendes Werk seyn, und alles, was Geschmack haben will, muß uns kaufen und lesen. Ich bin vor der Hand mit Stoff für die nächsten 2 Jahre herrlich versehen. Fichte ist sehr fruchtbar, und Woltmann ein sehr brauchbares Subject für die Geschichte...

Ich hoffe jetzt um so mehr, daß Ihr Euch zu der Hieherreise entschließen werdet, da Humboldts noch hier anzutreffen sind. Humboldt ist ein vortrefflicher dritter Mann in unserem Zirkel, wie Du selbst aus Erfahrung wissen wirst, und er liebt und schätzt Dich unbegrenzt. Fichte ist eine äußerst interessante Bekanntschaft, aber mehr durch seinen Gehalt, als durch seine Form. Von ihm hat die Philosophie noch große Dinge zu erwarten...

Alle meine an den Prinzen von Augustenburg abgeschickten Briefe sind in Feuer aufgegangen, bey dem großen Brande, der in Coppenhagen das Palais verzehrt hat. Ein Glück für mich, daß ich Copien davon habe.

Meine Gesundheit ist seit meiner Zurückkunft ziemlich erträglich gewesen. Ueberhaupt bin ich noch nie so lange von heftigen Anfällen frey gewesen, als jetzt. Ich gehe auch öfters aus, weil mich die Engbrüstigkeit nicht mehr so arg incommodirt, und an meinen übrigen Kräften spüre ich keine Verminderung. Auch Lottchen ist größtentheils wohl, und der Kleine, der nun schon 4 Zähne hat, befindet sich vortrefflich. Schon fängt er an Versuche zum Plaudern zu machen, und er hat schon so viele Gewandtheit in seinen Bewegungen, daß mich alles versichert, er werde in 2 Monaten im Korb gehen können; für sein Alter ist das viel, da er erst 9 Monate alt wird...

Dein Sch.

***

Christian Gottfried Körner an Friedrich Schiller

Loschwitz den 17. Jun. 94. Dienstag.

Eben erhalte ich Deinen letzten Brief, und kann mir nicht versagen, Dir sogleich, was mir darüber einfällt, zu schreiben. In dem projectirten Journale erkenne ich den Plan wieder, über den wir bey Deinem letzten Hierseyn soviel sprachen. ... an meiner Theilnehmung soll es gewiß nicht fehlen. Nur bitte ich Dich vor allen Dingen einen Gehülfen zu Redaktion zu nehmen, der die bloß mühsame Correspondenz mit Gelehrten, Verleger und Buchdrucker besorgt. Diese Geschäfte sind nicht für Dich, und wenn Du sie pünktlich besorgen wolltest, würden sie Dir bald das ganze Unternehmen verleiden...

Wenn das Fach der philosophischen Geschichte noch nicht ganz besetzt ist, so glaubte ich in diesem am ersten öftere Beyträge liefern zu können. Philosophie der Kunst im weitesten Sinne wird zu eignen Untersuchungen wohl mein Lieblingsfach bleiben, und da ist es Bedürfniß und Genuß für mich die Resultate des Nachdenkens der Alten und Neuern über diese Gegenstände zu studieren...

Bey der Beurtheilung würde ich besonders auch auf Beobachtung der Urbanität im Tone des Vortrags Acht haben. Diese Eigenschaft fehlt oft unsern besten Köpfen... Liebe zum Stoff, Innigkeit, Kraft, macht oft nachläßiger in Ansehung der Form...

Laß den Jungen nicht zu bald lauffen lernen. Besser, er kriecht erst, bis die Beine stärker werden. Mein Junge lief erst nach dem 1sten Jahre, und er trägt sich jetzt recht gut, hat keine krummen Beine, und geht mit geradem Leibe. Im Korbe drücken sich die Kinder an die Brust, wenn sie noch zu schwach sind...

Reineke Fuchs habe ich gelesen. Ich verkenne den Kunstwerth daran gewiß nicht; aber wenn ich die Zeit und Mühe bedenke, die Göthe darauf verwendet haben muß; so dächte ich doch, daß er uns etwas bedeutenderes hätte geben können. Vieles ist doch trocken und langweilig darin...

Herzliche Grüße von Minna und Dora an Dich und Lottchen.

Dein K.

Friedrich Schiller an Christian Gottfried Körner

Jena den 4.t Jul 94. Freitag.

... Für die Horen eröfnen sich sehr gute Aspekten. Göthe ist nicht nur Mitarbeiter sondern auch als Mitbeurtheiler und als Mitglied des Ausschußes dazu getreten – Engel aus Berlin und Garve haben die Einladung angenommen, und uns, wie wohl nicht auf bestimmte Zeiten, zu Beyträgen Hofnung gemacht. Von den übrigen kann ich jeden Posttag Antwort erhalten. Ueberhaupt läßt es sich zu einer auserlesenen Societät an, dergleichen in Deutschland noch keine zusammen getreten ist, und das gemeinschaftliche Produkt derselben kann nicht anders als gut ausfallen... Das Fach, das Du Dir erwählt hast, scheint mir vollkommen paßend für Dich zu seyn... Die philologischen Recherchen, die eine solche Arbeit erfodern dürfte, sind das einzige, woran ich noch Anstoß nehme – ich kenne von dieser Seite Deine Kräfte noch nicht...

Es wäre zu versuchen, ob Dir nicht die Biographie, besonders solcher Männer, die durch Ihren Geist merkwürdig waren, glückte...

Ich habe jetzt auf eine Zeit lang alle Arbeiten liegen laßen, um den Kant zu studieren. Einmal muß ich darüber ins Reine kommen, wenn ich nicht immer mit unsichern Schritten meinen Weg in der Speculation fortsetzen soll. Humbolds Umgang erleichtert mir diese Arbeit sehr, und die neue Ansicht, welche Fichte dem Kantischen Systeme gibt, trägt gleichfalls nicht wenig dazu bey, mich tiefer in diese Materie zu führen. Ich finde vielleicht bald Gelegenheit, Dir einige von den Fichtischen HauptIdeen mit zu theilen, die Dich gewiß interessieren werden...

Ich und meine kleine Familie befinden uns leidlich wohl. Deinen Rath wegen Carls will ich befolgen und hierinn bloß die Natur wirken laßen...

Dein Sch.

***

Christian Gottfried Körner an Friedrich Schiller

Loschwitz den 11. Jul. 94. Freitag.

... Es freut mich daß Du die philosophische Geschichte für ein passendes Fach für mich ansiehst. An Sprachkenntniß fehlt es mir nicht, und ich lese schon seit einiger Zeit viel in griechischen Dichtern und Prosaisten...

Fichtens Behandlung der Kantischen Philosophie wünschte ich wohl zu kennen. Sein kleines Programm über die Wissenschaftslehre hat mich sehr interessirt, doch finde ich noch manches Dunkle und Unbefriedigende darin. Ueberhaupt wünschte ich zu wissen, nach welcher Methode Du den Kant studirest. Mir fehlt es nur an Zeit, um alle seine Schriften noch einmal durchzugehen, wozu ich das Bedürfniß sehr lebhaft fühle. Ich würde mir alle einzelnen Sätze, die mir vollkommen deutlich wären in meiner Sprache besonders aufschreiben – dann sehen ob sich ein Ganzes daraus bilden ließe, ob der Zusammenhang anschaulich gemacht werden könnte, ob noch Lücken übrig blieben, von welchem Punkte man ausgehen müßte, um die Evidenz des Ganzen zu begründen, und immer vom Bekannten zum Unbekannten fortzuschreiten...

Tausend Grüße von Minna und Dora und von uns allen an Dein Weibchen. Lebewohl.

Dein Körner.

***

Friedrich Schiller an Christian Gottfried Körner

Jena den 20. Jul. 94. Sonntag.

Daß wir Euch wahrscheinlicher weise nicht hier sehen werden thut mir sehr leid, besonders da ich selbst die Reise nach Leipzig nicht machen kann. Meine Gesundheit, die vorzüglich das fatale hat, daß sie mir fast immer die Nächte raubt und die mich überhaupt tausend kleinen Bedürfnissen aussezt, die sich auf Reisen nicht befriedigen lassen, macht es mir unmöglich, Dich in Leipzig aufzusuchen. Alles was ich versprechen kann, ist, biß nach Weißenfels zu kommen, um Dich wenigstens auf einige Stunden zu sehen, wenn Du mir dahin entgegen reisen willst...

Ich befinde mich immer am übelsten auf Reisen, und habe noch immer erfahren, daß ich über den unannehmlichen Folgen des Reisens die Zwecke, warum ich reise verliere. Bloß wenn ich zu Hause und in meiner Ordnung bin, kann ich meinen Zufällen einige heitre und freie Stunden abgewinnen. Gerne hätte ich Euch alle und auch die Kinder gesehen; aber ich bin es nun schon gewohnt, daß meine Krankheit mir die besten Freuden verdirbt, und ich muß lernen, mich darein zu ergeben... Lebe wohl. Humbold grüßt Dich beßtens. Von Lottchen an Dich und die Frauen herzliche Empfehlungen.

Dein Sch.

***

Friedrich Schiller an Christian Gottfried Körner

Jena den 21. Aug. 94. Donnerstag.

Nächstens Dienstag abends werde ich mit Humboldt in Weißenfels eintreffen. Das ist alles, was ich wagen konnte, da ich erst heute Mittag zum erstenmal wieder nach einer 20tägigen Unpäßlichkeit auf die Gaße gekommen bin. Suche es also möglich zu machen, daß Du etwa abends zwischen 7 und 8 dort eintreffen und ein paar Tage bleiben kannst. Ich bin voll Verlangen Dich wieder zu sehen, und diese Tage werden ein Fest für mich seyn.

Ich verspare biß dahin auch alles übrige...

Dein Sch.

Friedrich Schiller an Christian Gottfried Körner

Jena, 1. September 1794. Montag.

Wir sind glücklich und bei ziemlich guter Zeit hier eingetroffen; und ich hoffe, daß auch Dir das schlimme Wetter nicht geschadet haben soll. Nimm noch einmal meinen herzlichen Dank an für das Opfer, das Du mir gebracht hast; und der Minna versichere, daß ich ihr die Gefälligkeit sehr hoch anrechne, Dich auf einige Tage mir überlassen zu haben. Es ist doch eine wohlthuende Empfindung, sich, wenn man getrennt lebt, und auch wie wir Beide sich im Geiste nahe bleibt, zuweilen wieder in das fleischliche Auge zu sehen. Ich wußte es vorher, und zweifelte keinen Augenblick, daß ich Dich ganz als denselben wiederfinden würde; aber es that mir doch herzlich wohl, mich mit meinen Augen davon zu überzeugen, und die Wirklichkeit meiner Erwartung gleichsam mit Händen zu greifen...

Bei meiner Zurückkunft fand ich einen sehr herzlichen Brief von Goethe, der mir nun endlich mit Vertrauen entgegenkommt. Wir hatten vor sechs Wochen über Kunst und Kunsttheorie ein langes und breites gesprochen, und uns die Hauptideen mitgetheilt, zu denen wir auf ganz verschiedenen Wegen gekommen waren. Zwischen diesen Ideen fand sich eine unerwartete Uebereinstimmung, die um so interessanter war, weil sie wirklich aus der größten Verschiedenheit der Gesichtspunkte hervorging. Ein jeder konnte dem andern etwas geben, was ihm fehlte, und etwas dafür empfangen. Seit dieser Zeit haben diese ausgestreuten Ideen bei Goethe Wurzel gefaßt, und er fühlt jetzt ein Bedürfniß, sich an mich anzuschließen, und den Weg, den er bisher allein und ohne Aufmunterung betrat, in Gemeinschaft mit mir fortzusetzen. Ich freue mich sehr auf einen für mich so fruchtbaren Ideenwechsel, und was sich davon in Briefen mittheilen läßt, soll Dir getreulich berichtet werden. Gestern erhielt ich schon einen Aufsatz von ihm, worin er die Erklärung der Schönheit: daß sie Vollkommenheit mit Freiheit sei, auf organische Naturen anwendet...

Bei meiner Nachhausekunft fand ich alles wohl. Auch ich hatte mich zum erstenmal von meinem Kinde getrennt, wie Du von Deiner Familie, und es war mir eine ganz eigene Freude, mich wieder in meinen kleinen häuslichen Kreis zu finden. Jetzt bin ich auf drei Wochen hier allein, denn meine Frau ist mit dem Kleinen nach Rudolstadt geflüchtet, weil die Pocken hier inoculiert werden und er jetzt im Zahngeschäft ist. Lebe recht wohl und grüße Minna und Dorchen herzlich von uns.

Dein Schiller.

***

Friedrich Schiller an Christian Gottfried Körner

Jena den 4 Sept. 94. Donnerstag.

... Ich schreibe nunmehr an meiner Abhandlung über das Naive, und werde zugleich an den Plan zum Wallenstein denken. Vor dieser Arbeit ist mir ordentlich angst und bange, denn ich glaube mit jedem Tag mehr zu finden, daß ich eigentlich nichts weniger vorstellen kann als einen Dichter, und daß höchstens da, wo ich philosophieren will, der poetische Geist mich überrascht. Was soll ich thun? Ich wage an dise Unternehmung 7 biß 8 Monate von meinem Leben, das ich Ursache habe sehr zu rath zu halten, und setze mich der Gefahr aus, ein verunglücktes Produkt zu erzeugen. Was ich je im Dramatischen zur Welt gebracht, ist nicht sehr geschickt mir Muth zu machen, und ein Machwerk wie der Carlos eckelte mich nunmehr an, wie sehr gern ich es auch jener Epoche meines Geistes zu verzeyhen geneigt bin. Im eigentlichsten Sinne des Worts betrete ich eine mir ganz unbekannte wenigstens unversuchte Bahn, denn im Poetischen habe ich seit 3, 4 Jahren einen völlig neuen Menschen angezogen. Ich wollte, daß Du Dir ein Geschäft daraus machtest, mich zu wägen und mir meine Abfertigung zu schreiben. Sey so streng gegen mich, wie gegen Deinen Feind, wie gegen Dich selbst, wenn Du die Feder in die Hand nimmst –

Ich will Dir buchstäblich folgen.

Lebewohl und sage den Frauen herzliche Grüße.

Dein Sch.

***

Christian Gottfried Körner an Friedrich Schiller

Dresden, 10. September 1794. Mittwoch.

Auch mir ist unsere Zusammenkunft sehr wohlthätig gewesen, und ich fühle immer mehr, wie gut es wäre, wenn wir uns öfter sehen könnten. Du mußt den Druck der hiesigen Atmosphäre in den ersten Momenten an mir gemerkt haben. Aber wie lange ist es auch, daß ich einen solchen Genuß entbehren mußte! Es ist mir eine schreckliche Warnung gewesen. Wehe mir, wenn ich jemals so sehr erschlaffen sollte, daß mich Deine Gegenwart drückte!...

Daß Du und Goethe Euch einander genähert habt, macht mir wahre Freude. Meyer erzählt mir von einem Briefe Goethes, der Deines Lobes voll ist. „Er habe lange nicht solchen geistigen Genuß gehabt, als bei Dir in Jena." Laß mich ja von Eurem Briefwechsel so viel als möglich erfahren...

Ueber Dein Mißtrauen gegen Dich selbst im poetischen Fache getraue ich mir heute noch nicht Dir zu antworten. Ich muß erst über die Ursache Deiner Unzufriedenheit mit Deinen zeitherigen Producten heller sehen. Deine Forderungen sind gewaltig gestiegen. Dir mißfällt das Subjective in Deinen Arbeiten, Du strebst nach Darstellung des reinen Objects. Aber die Fortschritte von Manier zum Stil kannst Du doch selbst in Deinen letztern Arbeiten bemerken: z. B. in mehreren Stellen der Götter Griechenlands und der Künstler. Wenn Dir Deine dramatischen Producte nicht gefallen, so fragt sich's, ob Du nicht selbst – durch Streben nach philosophischem Gehalt – eine nordische Sünde – Deine Phantasie störtest; ob Du nicht reiner empfangen würdest, wenn Du mit mehr Wollust und mit weniger Anstrengung arbeitetest? Wie, wenn Du nicht absichtlich Dich mit dem Wallenstein beschäftigtest, sondern es dem Zufall überließest, ob Dir die Phantasie von selbst genug dichterischen Stoff zuführte? Wäre so viel vorhanden, daß Du Freude daran haben könntest, so würde die Liebe zum Object schon die Ausführung bewirken.

Genug für heute; nächstens mehr. Tausend Grüße von Minna und Dora.

Dein Körner.

***

Friedrich Schiller an Christian Gottfried Körner

Jena, den 12. Sept. 94. Freitag.

Dein Brief hat mir große Freude gemacht, weil er mir bestätigte, wie gut wir einander verstehen, und wie nothwendig wir uns sind. Nein, Dir kann es eben so wenig als mir begegnen, daß heterogener Einfluß von außen die reine Form Deines Wesens verderbt, denn unsrer beider Seele hat ein Vermögen, sich keusch zu bewahren, allen fremden Stoff auszuwerfen und über jede unheilige Berührung zu siegen...

Ich bearbeite jetzt meine Correspondenz mit dem Prinzen von Augustenburg die ich Dir gewiß binnen 3 Wochen schicke. Sie wird unter dem Titel: Ueber die aesthetische Erziehung des Menschen: ein Ganzes ausmachen, und also von meiner eigentlichen Theorie des Schönen unabhängig seyn, obgleich sie sehr gut dazu vorbereiten kann. Sie macht mir aufs neu viel Freude, und ich suche ihr alle nur mögliche Vollkommenheit zu geben.

Daneben arbeite ich an einem Aufsatz über Natur und Naivheit, der mich immer mehr feßelt, und mir vorzüglich zu gelingen scheint. Ich schreibe hier mehr aus dem Herzen, und mit Liebe. Es ist gleichsam eine Brücke zu der poetischen production...

Ich werde künftige Woche auf 14 Tage nach Weimar abreisen und bey Göthe wohnen. Er hat mir so sehr zugeredet, daß ich mich nicht wohl weigern konnte, da ich alle mögliche Freiheit und Bequemlichkeit bey ihm finden soll. Unsre nähere Berührung wird für uns beide entscheidende Folgen haben und ich freue mich innig darauf. Der Hof ist nach Eisenach abgereißt, und Göthe hat sich losgemacht, so daß wir nun ganz unseren Ideen leben können. Ich werde Dir fleißig schreiben...

Auf Deine weitere Erklärung über meine poetische Sendung und meinen dramatischen Beruf warte ich mit Ungeduld. Du meynst, daß ich den Wallenstein zu sehr mit dem Verstand und zu wenig mit Begeisterung angreife. Aber das gilt nur von dem Plan, der nicht streng genug berechnet werden kann. Ausführen muß ihn die Imagination und die augenblickliche Empfindung. Dieß ist es aber, wofür ich fürchte, daß mich die Einbildungskraft, wenn ihr Reich kommt, verlaßen werde. Lebewohl. Von meiner kleinen Familie in Rudolstadt habe ich gute Nachricht, und mit meiner Gesundheit gehts erträglich. An Minna und Dorchen meinen herzlichen Gruß... Adieu

Dein Sch.

***

Friedrich Schiller an Christian Gottfried Körner

Jena den 9. 8br. 94. Donnerstag.

Meine Büste ist glücklich von Stuttgardt angelangt, und ein rechtes Meisterstück geworden...

Einstweilen sende ich Dir einen Aufsatz von Göthe, der aber bloß flüchtig hingeworfen und bloß zum Privatgebrauch bestimmt ist...

Wir haben eine Correspondenz miteinander über gemischte Materien beschlossen, die eine Quelle von Aufsätzen für die Horen werden soll. Auf diese Art, meynt Göthe bekäme der

Fleiß eine bestimmte Richtung, und ohne zu merken, daß man arbeite, bekäme man Materialien zusammen; da wir in wichtigen Sachen einstimmig, und doch so ganz verschiedene Individualitäten sind, so kann diese Correspondenz wirklich interessant werden.

Seinen Roman will er mir bandweise mittheilen; und dann soll ich ihm allemal schreiben, was in dem künftigen stehen müsste, und wie es sich verwickeln und entwickeln werde. Er will dann von dieser anticipirenden Critik Gebrauch machen, ehe er den neuen Band in den Druck giebt...

Seine Untersuchungen über Naturgeschichte, von denen ich Dir einmal mehr sagen will, haben mich so sehr, als sein poetischer Charakter interessirt, und ich bin überzeugt, daß er sich auch hier auf einem vortrefflichen Wege befindet. Auch was er gegen die Newtonische Farbentheorie einwendet, scheint mir sehr befriedigend zu seyn...

Dein Sch.

***

Friedrich Schiller an Christian Gottfried Körner

Jena, den 19. Dec. 94. Freitag.

... Laß uns nun bald auch Früchte Deines Fleißes sehen. Ich wäre es gar wohl zufrieden, wenn Du Biographien bearbeiten wolltest, und Du würdest viel darinn leisten. Aber mir ahndet, daß Du dieses Vorhaben nicht ausführen wirst. Ich habe aus Erfahrung, daß die Vorarbeiten zu einer historischen Production äuserst abschreckend sind, und bey keiner Arbeit wird soviel Zeit weggeworfen. Bald würdest Du finden, daß Du etwas Beßeres treiben könntest, und die Leerheit nicht aushalten, die man durchwandern muß, um zu einem erträglichen Resultat zu gelangen. Intereßanter fändest Du vielleicht eine Characteristick von großen Genies, besonders dichterischen. Hier steht alles in

Beziehung auf etwas Großes und Wichtiges, das den Geist immer angespannt erhält, und gerade dieser Punkt ist es, um den sich Deine Ideen am liebsten drehen. Auch etwas allgemeineres wie z.B. über das Poetische Genie, über die Unterschiede der Geister, über Erschaffen und Genießen u.s.f. wäre für Dich...

Dieser Tage hat mir Göthe die Aushängebogen von dem 1 Buch seines Romans (Wilhelm Meister – C. T.) mitgetheilt, welche meine Erwartungen wirklich übertroffen haben. Er ist darinn ganz Er selbst: zwar viel ruhiger und kälter als im Werther, aber eben so wahr, so individuell, so lebendig, und von einer ungemeinen Simplicität. Mitunter wird man auch von einzelnen auffahrenden Funken eines jugendlich feurigen Dichtergeists ergriffen. Durch das Ganze, soweit ich davon las, herrscht ein großer, klarer und stiller Sinn, eine heitre Vernunft, und eine Innigkeit, welche zeigt, wie ganz er bey diesem Product gegenwärtig war. Du wirst Dich sehr darüber freuen...

Lebewohl und grüße die Deinigen herzlich von uns.

Dein Sch.

***

Friedrich Schiller an Christian Gottfried Körner

Jena, den 29. Dec. 94. Montag.

Meinen Glückwunsch zum neuen Jahr, das Dich und die Deinigen hoffentlich vergnügt gefunden haben wird. Ich muß aber das neue Jahr gleich damit eröfnen, daß ich Dich als Redacteur preße, und in allem Ernst. Denn Du kannst mich durch einen Aufsatz, den Du binnen jetzt 3 Wochen für die Horen giebst aus einer wirklichen Verlegenheit reissen. Unsrer guten Mitarbeiter sind bey allem Prunk den wir dem Publikum vormachen, wenig; und von diesen guten ist fast die Hälfte für diesen Winter nicht zu rechnen. Ich komme daher in den ersten Stücken in eine gedrängte Lage, weil Göthe und ich fast alles dafür liefern, und leyder Göthe nicht die exquisitesten Sachen, und ich nicht die allgemeinverständlichsten. Göthens Erzählungen und meine Briefe machen in den ersten Stücken die Maße aus, und jene sind nicht von dem Werth, wie seine übrigen Arbeiten, diese kennst Du. Wir müssen also für eine größere Mannichfaltigkeit an guten Sachen, wenn sie auch gleich gerade nicht zu den popularen gehören, Rath schaffen und darinn erwarte ich Hülfe von Dir. Göthe will seine Elegien nicht gleich in den ersten Stücken eingerückt, Herder will auch einige Stücke erst abwarten, Fichte ist von Vorlesungen überhäuft, Garve krank, Engel faul, die andern laßen nichts von sich hören. Ich rufe also: Herr hilf mir, oder ich sinke! ...

Was meine Arbeiten betrifft, so bin ich jetzt ungemein gut mit mir zufrieden. Mein System nähert sich jetzt einer Reife, und einer innern Consistenz, die ihm Festigkeit und Dauer versichern. Alles hängt aufs beßte zusammen, und durch das ganze herrscht eine Simplicität, die sich mir selbst bey der Ausführung durch eine größere Leichtigkeit bemerkbar macht. Alles dreht sich um den Begriff der Wechselwirkung zwischen dem Absoluten und dem endlichen, um die Begriffe von Freiheit und von Zeit, von Thatkraft und Leiden. Doch ich will Dir nicht vorgreifen.

Lebe recht wohl. Meine Frau grüßt Dich und die Deinigen aufs beßte. Mein kleiner Sohn ist frisch und gesund, und macht die Freude meines Lebens aus. Mir ist, trotz meines ewigen KrampfUebels, selten so wohl im Geist und Herzen gewesen. Uebrigens geht es mit meiner Gesundheit erträglich genug, dass ich wenigstens an meiner Thätigkeit keinen großen Abbruch leide.

Dein Sch.

***

Christian Gottfried Körner an Friedrich Schiller

Dresden, den 16. Febr. 95. Montag.

... Ich habe ein Lied auf Goethes Meister für 2 Zithern componirt; ein Instrument, das jetzt hier Mode ist, und sich sehr gut zum Gesange ausnimmt. Sei so gut es Goethen gelegentlich zu schikken, und danke ihm dabei recht herzlich in meinem Namen für dieses Product, das mir einen Genuß von seltener Art gegeben hat. Ich lege zwei Exemplare für das Clavier bei, wovon eins für Deine Frau und eins ebenfalls für Goethe bestimmt ist...

Nun muß bald wieder ein Stück Horen erscheinen. Ich warte darauf, wie wenn das Geld fehlt, auf den 1sten des Monats, da die Besoldung erhoben wird.

Mit Deinem Kleinen wird nun alles vorbei sein. Ich möchte so gern in diesem Jahre uns alle beisammen sehen, und mache allerhand Projecte, wie es möglich zu machen ist. Was hast Du für Plane im nächsten Sommer?...

Minna war von dem 9ten ästhetischen Briefe so eingenommen, daß sie sich große Stellen daraus abschrieb, wie ich ihn zuerst im Manuscripte von Dir erhielt.

Dein K.

***

Friedrich Schiller an Christian Gottfried Körner

Jena den 23. Februar 95. Montag.

... Deine Musik habe ich gestern an Göthen abgeschickt, nebst Deinem Auftrag. Wir haben kein brauchbar Clavier und auch keine geschickte Hand im Hause, sonst würde ich sie schon haben spielen hören. Meine Frau, die eine Mandoline hat, soll sie spielen lernen.

Laß uns ja darauf denken, wie wir diesen Sommer in pleno zusammen kommen wollen. Ich für mein Theil bin nirgends zu brauchen als in meinem eigenen Hause, daher hoffe ich, daß Ihr Euch entschließen werdet, biss hieher zu kommen. Wir können Euch, Humboldt und ich, ganz gut logieren, denn ich logiere von Ostern an bey Griessbachs, in einem der beßten Häuser der Stadt, und auch Humboldt kann, wenn es bey uns für Euch alle zu enge wäre, etwas abgeben. Du hättest hier auch noch Fichten, Göthen und Meyer. Die Frauen wollten wir wenigstens durch die schöne Gegenden schadlos zu halten suchen, wenn sie sich bey unsren gelehrten Gesprächen ennuyierten. Wir brächten in Weimar einige Tage bei Göthe und Herder vergnügt hin. Der erste hat allerley Interessantes zu zeigen und Ihr würdet ihn sehr thätig finden, Euch etwas angenehmes zu erweisen. Kurz, überlegt es miteinander ernstlich...

Dein S.

***

Friedrich Schiller an Christian Gottfried Körner

Jena den 5. April. 95. Sonntag.

Du hast ziemlich lange nichts von Dir hören lassen und auch von mir lange nichts mehr gehört. Mich beschäftigte schon seit 3 Wochen ein historischer Aufsatz für die Horen aus der Niederländischen Geschichte, davon die erste Lieferung jetzt fertig ist. Dieser raubte mir alle Zeit zu andern vernünftigen Sachen; aber die Mannichfaltigkeit, die in den Horen herrschen soll, erfoderte einmal eine solche Arbeit; Deinen Aufsatz erwarte ich nun mit jedem Posttag: ich bin ungeduldig Deine Autorschaft in den Horen eröfnet zu sehen...

Ich habe in dieser Zeit eine förmliche Vocation nach Tübingen erhalten, mit einem zwar mäßigen aber in der Folge zu verbeßernden Gehalt. Ich habe sie aber, weil ich keine bestimmten Pflichten übernehmen kann ausgeschlagen. Aber auch ohne dieses würde ich Jena und meine hiesige freye Existenz mit keinem andern Ort in der Welt vertauschen. Vom Herzog v. Weimar habe ich mir dafür eine Verdopplung meines Gehalts ausgebeten, im Fall meine Gesundheit mir die Schriftstellerey untersagte. Dieß ist mir bewilligt worden, und nun habe ich meine Existenz auf gewiße Weise assecuriert. Meine 1000 Thaler aus Daenemark für das vergangene Jahr habe ich immer noch nicht erhalten, obgleich mir der Prinz erst kürzlich geschrieben hat...

Lebewohl und gieb mir bald wieder Nachricht von Dir. Herzliche Grüße von uns an Euch alle.

Dein Sch.

***

Friedrich Schiller an Christian Gottfried Körner

Jena, den 10. April 1795. Freitag.

... Kant hat mir einen recht freundschaftlichen Brief geschrieben; bittet aber in Ansehung der Horen um Aufschub. Ueber meine ästhetischen Briefe, die er sehr rühmt, will er mir mehr schreiben, wenn er sie erst studirt hat. Mich freut indessen nur, daß wir den Alten doch in unserer Societät haben.

Goethe ist schon seit 14 Tagen hier, und erscheint jeden Abend pünktlich, wo dann allerlei durchgesprochen wird. Er ist jetzt mit einem Trauerspiel im alt-griechischen Geschmack beschäftigt: der Inhalt ist die Befreiung des Prometheus.

Der zweite Theil des Meisters erscheint gewiß auf der Messe...

Was denkst Du zu einer Charakteristik des Goetheschen Genies aus allen seinen Schriften? ... Denn jetzt mußt Du doch ernstlich auf einen neuen Aufsatz denken?

In 3 Tagen beziehe ich ein neues Logis, worauf ich mich sehr freue, weil ich dort eine viel angenehmere Existenz haben werde.

Lebe wohl. Herzliche Grüsse an alle.

Dein Schiller.

Jena den 1 May. 95. Freitag.

... Ich befand mich seit einigen Wochen gar nicht recht wohl, weil ein heftiger Catarrh mir stark zusetzte. Jetzt fange ich wieder an mich zu erhohlen und mich in meiner neuen schönen Wohnung der angenehmen JahrsZeit zu erfreuen. Auch meine Frau war nicht gesund, nur der Kleine hat sich wohl befunden.

Göthe ist noch immer hier und wir bringen viele vergnügte Stunden miteinander zu. Wärst Du doch auch in unserm Kreise.

Cotta, der vor einigen Tagen hier durchkam, hat von den Horen große Hofnungen. Er ist nicht weit von 1800 Exemplarien und äuserst zufrieden.

Mache nun, daß Du fleißigen Antheil an dem Journal nehmen kannst. Du erhälst für den Bogen sechs Louisdors, und der enge Druck wird im nächsten Jahr aufhören.

Die Fortsetzung meiner Briefe folgt im 6ten Stück, nebst Göthens Elegien.

Fichte wird diesen Sommer nicht hier seyn. Er hat sich in die academische Ordens Geschichten gemischt, worüber die Studenten so ergrimmt worden sind, daß sie ihm alles Herzeleyd anthaten. Nun hat er den übeln Weg ergriffen, sich zurückzuziehen, und dem wilden Gesindel das Feld zu räumen.

Humbold reist diesen Sommer auf 3 Monate nach Berlin. Wie bißt Du mit seinem Aufsatz über Männliche und Weibliche Form zufrieden?

Meine Frau grüßt herzlich – Dich und die Frauen. Lebewohl

Dein Sch.

***

Friedrich Schiller an Christian Gottfried Körner

Jena den 3. Aug. 95. Montag.

Dein Stillschweigen läßt mich vermuthen, daß Du sehr fleißig bist, und mich nächster Tage mit einem großen Paquet Mscrpt überraschen wirst. Es soll eine herzliche Aufnahme finden.

Bald kann ich Dir einen Echantillon meiner neuen Poesie vorlegen. Leider hinderte mich meine, mehr als je unterbrochene Gesundheit die gute Stimmung, in der ich wirklich öfters zum Poesieren war, gehörig zu benutzen. Indess ist doch etwas geschehen, was mir fürs künftige Vertrauen giebt. Ich habe mich zwar, da meine Zeit für diese Arbeit zu strenge bestimmt war, nicht auf das weite Meer gewagt, sondern bin am Ufer der Philosophie herumgefahren, doch ist dadurch wenigstens der Uebergang zu einer freyern Erfindung gemacht.

Aller Wahrscheinlichkeit nach bleibe ich den Rest dieses Jahrs, vielleicht noch den ganzen Winter, im poetischen Felde...

Göthen erwarte ich heute vom Karlsbad zurük...

Bey mir ist alles wohl, und meine Frau grüßt herzlich. Lebe wohl und lass bald etwas von Dir hören.

Dein Sch.

***

Friedrich Schiller an Christian Gottfried Körner

Jena. Den 17. Aug. 1795. Montag.

... Mein Musenalmanach ist, was das Manuscript betrifft, in wenig Tagen ganz fertig, und ich denke, daß er unter seinen Brüdern keine schlechte Figur machen soll. Von Goethe allein sind über 150 zusammengehörender Epigramme darin, von Herder auch über 20 Stücke, und von mir etwa 15 kleine und große Gedichte...

Auch in dem 9ten Stück der Horen erscheinen 2 größere Gedichte von mir. Du kannst daraus auf meine poetische Fruchtbarkeit in diesen letzten 7 Wochen den Schluß machen.

Lebe recht wohl. Bei mir ist alles gesund, wie ich auch bei Dir hoffe...

Dein Sch.

***

Christian Gottfried Körner an Friedrich Schiller

Dresden den 18. Aug. 95 Dienstag.

Wenn ich Dir gleich noch nichts schicken kann, so bin ich doch auch für die Horen nicht müßig gewesen. Der Stoff zu einem Aufsatze über lyrische Dichtkunst hat sich beträchtlich gemehrt und ich hoffe zum 9ten Stück damit fertig zu werden...

Auf Deine neusten Gedichte bin ich äusserst begierig. Laß mich ja bald eine Probe sehen. Es ist recht Schade, daß Du nicht ungestört arbeiten kannst.

Deine letzten aesthetischen Briefe werden mir beym mehrmaligen Lesen immer lieber. Einzelne Stellen hatten mich auch beym ersten Lesen ergriffen. Aber das Ganze will studiert seyn, wenn ihm Gerechtigkeit widerfahren soll.

Die Herausgeber der Litteratur Zeitung scheinen zu meinem Recensenten Eifer ein ziemliches Zutrauen zu haben. Dießmal haben sie mir doch einige hübsche Sachen geschickt...

Nächstens mehr. Lebewohl. Herzliche Grüße an Minna und Dora.

Dein K.

***

Christian Gottfried Körner an Friedrich Schiller

Dresden den 2. Sept. 95. Mittwoch.

Wie mach ich Dirs nur begreiflich, welche Freude mir Deine Gedichte gemacht haben? Solange habe ich diesen Genuß entbehren müssen. Und gleichwohl haben Deine Werke dieser Art für mich einen eigenthümlichen Reiz, den ich sonst nirgends finde. Es ist mir immer, als ob ich hier nur zu Hause wäre. Mag immer das Subjective dabey zum Grunde liegen.

Mein Liebling ist: Natur und Schule. Gedanke, Vortrag, Anordnung – alles giebt mir den höchsten Grad von Befriedigung. Der Versbau hat eine Pracht und einen Wohlklang, dergleichen ich noch nie in einer Elegie gefunden habe. Nur selten ist Göthen etwas ähnliches gelungen.

Die Ideale haben treffliche Stellen, nur den Schluß wünschte ich kräftiger.

Von der Macht des Gesanges ist die letzte Strophe köstlich. Im Ganzen vermiße ich Einheit. Das Bild in der 3ten Strophe hat etwas Störendes...

Minna und Dora danken Dir herzlich für den Genuß den Du ihnen gegeben hast... Lebewohl. Bald mehr.

Dein K.

***

Christian Gottfried Körner an Friedrich Schiller

Dresden, den 27. Sept. 95. Sonntag.

... Du verlangst mein Glaubensbekenntniß über Dein Dichtertalent. Deine neueren Arbeiten haben mir viel Stoff zu Bemerkungen über Dein Eigenthümliches gegeben; aber noch bin ich nicht damit auf's Reine. Indessen, was ich darüber gedacht, will ich Dir geben, sowie es ist.

In Deinen früheren Arbeiten zeigte sich ungebildete Kraft – ein Streben nach Größe, Gedankengehalt, erschütternder Wirkung – kurz, nach dem, was man als das Charakteristische dem Schönen entgegensetzt. In beiden scheint mir ein Trieb nach dem Unendlichen – das Wesentliche des Kunsttalents – zum Grunde zu liegen. Nur ist er bei dem Charakteristischen auf die einzelnen Teile – bei dem Schönen auf die Verbindung des Ganzen gerichtet. Es giebt nämlich ein Unendliches in der Verbindung des Ganzen, welches von der Beschaffenheit der Theile unabhängig ist; und in diesem scheint mir das Wesen der Schönheit zu liegen. Es besteht in unbeschränkter Einheit, verbunden mit unbeschränkter Freiheit. Diese Verbindung nennen wir Harmonie. Sie ist vollkommen, wenn die Uebereinstimmung auch in den kleinsten Theilen vorhanden ist; aber als ein freiwilliges Resultat ihrer Freiheit, ohne daß diese in irgend einem Theile beschränkt wurde. An dieser Harmonie, däucht mich, erkennen wir den Geist der Antike.

Was ich an Dir vorzüglich schätze, ist, daß Du Dich immer mehr diesem Ziele näherst, ohne den Reichthum des Einzelnen aufzuopfern. Ich begreife die Schwierigkeit dieses Unternehmens, und merke wohl, daß Goethe auf einem bequemeren Wege die Forderungen des Geschmacks zu befriedigen sucht. Aber wenn es möglich ist, die Alten zu übertreffen, so ist es auf dem Wege, den Du einschlägst.

In der äußeren Harmonie der Sprache und des Versbaues hast Du sehr viel gewonnen. Du liebtest sonst mehr die gereimten Versarten, jetzt hast Du Dich auch mit dem glücklichsten Erfolg in der elegischen Versart versucht. Deine Sprache gewinnt immer mehr an Reichthum und Geschmeidigkeit, ohne an Correctheit zu verlieren. Auch die Einheit des Tons wird immer herrschender in Deinen Werken, so sehr Du auch bei Deiner Manier zu Abweichungen versucht werden mußt.

Nur in der inneren Harmonie der Gedanken ist es, glaube ich, wo Du noch Fortschritte machen könntest. Thätigkeit scheint bei Dir die Empfänglichkeit zu überwiegen. Daher störst Du zuweilen das Spiel Deiner Phantasie durch Streben nach Befriedigung Deines Forschungsgeistes. Hättest Du mehr Hang zu geistiger Wollust, so würdest Du mehr in den Bildern Deiner Einbildungskraft schwelgen.

Jetzt wirst Du nicht selten, durch den Trieb nach abstracten Untersuchungen, von dem Besondern zum Allgemeinen fortgerissen.

Dies ist der Grund, warum Du mich in der philosophischen Ode besonders befriedigst. Hier ist das Abstracte an seiner Stelle; und weil denn doch Deine Phantasie immer thätig ist, und die Resultate Deines Nachdenkens auf ihre Art verarbeitet, so entsteht ein Schwanken zwischen der philosophischen und dichterischen Begeisterung, das für den Betrachter höchst interessant ist.

Aber ich bin weit entfernt, Dich auf dieses Fach einzuschränken. Auch in andern Gattungen kann Dir's nicht fehlen, wenn Du Dich nur gewöhnst, ruhiger zu empfangen, was Dir die Phantasie in reichem Maße darbietet.

Soviel für heute...

Lebe wohl und grüße Dein Weibchen. Minna und Dora grüßen herzlich.

Dein K.

***

Friedrich Schiller an Christian Gottfried Körner

Jena, den 3. Oktober 1795. Sonnabend.

... In dem, was Du über mich und meine dichterische Anlage überhaupt sagst, scheint mir sehr viel wahres zu liegen. Auch will ich sehen, ob ich es mir zu Nutze machen kann. Der ganze Gang meines Geistes und Herzens von frühen Zeiten an, nahm die Richtung, von der Du sagst, und ich werde Mühe haben, das Empfangen und Bilden wieder in das rechte Verhältniß zu setzen. Ob ich mich jetzt, da ich so ziemlich hoffen darf es werde mir an Zeit nicht fehlen, an eine Tragödie machen soll?

Humboldt bleibt noch den ganzen Winter in Berlin. Ich werde hier also sehr verlassen seyn.

Adieu...

Dein Sch.

***

Friedrich Schiller an Christian Gottfried Körner

Jena den 18. Jenn 96 Montag.

... Göthe und ich arbeiten schon seit einigen Wochen an einem gemeinschaftlichen Opus für den neuen Almanach, welches eine wahre poetische Teufeley seyn wird, die noch kein Beyspiel hat.

Da ich auf lange Zeit von der Theorie Abschied genommen, und meinen Antheil an den Horen auf das Minimum reducieren entschloßen bin, so lebe ich jezt und die nächsten Monate in einer angenehmen Freyheit, die nicht ganz leer an Productiver Thätigkeit ist. Ich bin zwar noch in keinem obligaten poetischen Geschäft, aber ich werde mich allmählich hinein arbeiten. Meine Gesundheit ist bey diesem schönen Winter sehr leidlich, und meine Stimmung sehr heiter. Göthe war 14 Tage hier und da ist allerley abgehandelt worden...

Funk erzählte mir auch viel von Deinen Kindern und von Deinem Jungen besonders, der so brav werden soll. Mich erfreut herzlich, daß Dir dieses Glück zu Theil wird. Auch mein Karl ist wohl und entwickelt sich daß es eine Freude ist. Göthe ist ganz von ihm eingenommen und mir, der ich nur in dem engsten Lebenskreis existiere, ist das Kind so zum Bedürfniß geworden, daß mir in manchen Momenten bange wird, dem Glück eine solche Macht über mich eingeräumt zu haben.

Adieu. Herzliche Grüße an Euch alle von mir und meiner Frau

Dein Sch.

***

Christian Gottfried Körner an Friedrich Schiller

Dresden den 28. Jan. 96. Donnerstag.

Allerdings ist mein Plan, Dich diesen Sommer zu besuchen, und ich freue mich darauf wie Kinder auf den heiligen Christ...

Daß Dir Dein Kleiner soviel Freude macht, begreife ich sehr gut. Auch mir wird mein Karl immer interessanter. Vielleicht ist es väterliche Täuschung aber ich glaube manchen guten Zug an ihm zu bemerken. Jetzt gehe ich bloß darauf aus nichts zu zerstören. Was nicht von selbst wächst, pflanze ich jetzt nicht. Dieß ist ein Punkt über den wir auch manches sprechen werden, wenn wir zusammenkommen. Ich freue mich auch auf Deinen Kleinen...

Dein Körner.

***

Friedrich Schiller an Christian Gottfried Körner

Jena den 1. Febr 96. Montag.

Eben erhalte ich Deinen Brief, der mir meine Hofnung, euch diesen Sommer zu sehen zur Gewißheit macht. Wie wollen wir uns freuen und letzen. So sind wir nie beysammen gewesen, als Hausväter und glücklich in dem zärtesten Verhältniß. Gebe mir der Himmel nur solange Ihr hier seid eine erträgliche Gesundheit, gerne wollte ich einige Monate voraus dafür leiden.

Für ein Logis soll gesorgt werden... In meinem Hause würde ich vielleicht Platz machen können, weil mir Griessbachs einige Piecen abgeben würden, aber es wird daraus die Servitut, daß wir diese Familie, die höchst langweilig ist, auf den Hals bekommen, und dadurch unerträglich gestört werden würden.

Das Kind, welches Göthe und ich mit einander erzeugen, wird etwas ungezogen und ein sehr wilder Bastard seyn. Es wäre nicht möglich etwas, wozu eine strenge Form erfodert wird, auf diesem Wege zu erzeugen. Die Einheit kann bey einem solchen Product bloß in einer gewißen Grenzenlosigkeit und alle Messung überschreitenden Fülle gesucht werden, und damit die Heterogeneitaet der beyden Urheber in dem einzelnen nicht zu erkennen sey, muß das einzelne ein Minimum seyn. Kurz, die ganze Sache besteht in einem gewißen Ganzen von Epigrammen, davon jedes ein Monodistichon ist. Das meiste ist wilde gottlose Satyre, besonders auf Schriftsteller und Schriftstellerische Produkte, untermischt mit einzelnen poetischen, auch philosophischen Gedankenblitzen. Es werden nicht unter 600 solcher Monodistichen werden, aber der Plan ist, auf 1000 zu steigen... Wir haben beschloßen, unsere EigenthumsRechte an die einzelnen Theile niemals auseinander zu setzen... sammeln wir unsere Gedichte, so läßt ein Jeder diese Epigrammen ganz abdrucken...

Lebewohl. Herzliche Grüße von uns beyden an Euch alle

Dein S.

***

Friedrich Schiller an Christian Gottfried Körner

Jena den 21 März 96. Montag.

Ich reise übermorgen auf 14 Tage nach Weimar, woraus Du siehst, daß ich mir etwas zutraue. Es ist aber freilich ein Wagestück, denn außer 2 mal Spazierfahren in diesen schönen Tagen bin ich seit dem Herbst nicht vor die Hausthüre gekommen. Göthe, bey dem ich logieren werde, will es mir aber so bequem machen, wie ichs bey mir habe...

In meinen Arbeiten, wo ich seit Neujahr zu keiner Entscheidung kommen konnte, bin ich nun endlich ernstlich bestimmt, und zwar für den Wallenstein. Seit etlichen Tagen habe ich meine Papiere vor, weil ich doch schon manches, den Plan betreffend, darüber notiert, und ich gehe mit großer Freude und ziemlich vielem Muth an diese neue Art von Leben. Von meiner alten Art und Kunst kann ich freilich wenig dabey brauchen, aber ich hoffe, in der neuen schon weit genug zu seyn, um es damit zu wagen. Soviel weiss ich, ich bin auf gutem Weg, und erreiche ich auch das lange nicht, was ich von mir fodre, so erreiche ich doch mehr, als ich in diesem Fache sonst geleistet habe. Eine große Freude wird mir seyn, mit Dir darüber zu reden, denn wenn Du kommst, hoffe ich in dem Plan schon wichtige Fortschritte gemacht zu haben.

Der MusenAlmanach wird dieses Jahr nicht erscheinen, aber unsere Epigramme werden wir, wenn das 1000 voll wird, gemeinschaftlich in einem eigenen Band herausgeben. Davon mündlich ein mehreres.

Lebewohl. Herzliche Grüße von uns an Euch alle

Dein Sch.

***

Friedrich Schiller an Christian Gottfried Körner

Weimar den 10. April 96. Sonntag.

... Ich habe mich in den 19 Tagen die ich jetzt hier bin, ziemlich wohl befunden, und die beträchtliche Veränderung in meiner LebensArt gut ausgehalten. Ich gehe zwar nirgends hin als in die Comödie, und gehe auch dann nicht zu Fuss, aber ich kann doch, ohne große Beschwerlichkeit, die Gesellschaft besuchen, die hier im Hause sich versammelt, schlafe wieder die Nächte, und bin bey heiterm Humor. Zum ComödienHaus, das keine Logen hat, hat Göthe mir eine besonders machen lassen, wo ich ungestört seyn kann, und, wenn ich mich auch nicht ganz wohl fühle, wenigstens den Vortheil habe, mich vor niemand zwingen zu dürfen. Gearbeitet habe ich unter diesen Umständen freilich nichts für meinen eigenen Heerd, aber der Egmont hat mich doch interessiert, und ist mir für meinen Wallenstein keine unnützliche Vorbereitung gewesen. (Schiller hat Goethes „Egmont“ für die Weimarer Bühne bearbeitet – C. T.)

Lebewohl und grüsse die Frauen herzlich von uns beyden...

Dein Sch.

***

Friedrich Schiller an Christian Gottfried Körner

Jena den 23. May. 96. Montag.

Lass Dir noch herzlich für das frohe Leben danken, das wir zusammen geführt. Wie ein Traum ist mirs vorübergegangen, aber die Folgen sind glücklich und bleibend für mich. Ich habe nun Gelegenheit gehabt, uns beyde nicht nur, sondern alles was zu uns gehört als Ganzes zusammen gestellt zu sehen, und die ruhige Harmonie, die es macht, giebt mir für künftige Plane den beßten Muth und die fröhlichsten Hofnungen. Es ist meiner Frau und mir recht innig wohl mit euch gewesen, und das ist genug mich zu bestimmen, wie ich die Zukunft, insofern sie in meiner Gewalt ist, anzuwenden habe.

Mit meiner Gesundheit hat es sich seit Eurer Abreise nicht verschlimmert – vielmehr bin ich gestern an dem schönen Tag spazieren gegangen, und habe mich wohl darauf befunden. Meine Frau ist zwar nicht krank aber die Schwangerschaft setzt ihr doch sehr zu. Wenn nur alles gut vorüber geht. Ich bin seit einiger Zeit in meiner Familie sehr unglücklich und es kostete mir oft, euch diesen Eindruck zu verbergen. Meine jüngste Schwester, ein Mädchen voll Hofnung, von Talent und die auch hübsch war ist vor 8 Wochen im 21. Jahr ihres Lebens gestorben, meine zweyte Schwester liegt auf den Tod, mein Vater ist bettlägerig an der Gicht, und meine Mutter, die schwächste in meiner ganzen Familie, die vor 7, 8 Jahren die heftigste langwürigste Krankheit nur durch eine wunderbare Crise überlebte trug in diesen letzten Monaten die ganze Last des häußlichen Unglücks allein... Endlich habe ich meine Schwester, die in Meiningen verheirathet ist, in den Stand gesetzt hin zu reisen und die unsrigen zu pflegen. Wäre das nicht gegangen, denn sie ist selbst nicht ganz gesund gewesen, so war es schon beschlossen, daß ich in der Mitte des Mays nach Schwaben reißte, um meine Familie von der Solitude wegzuschaffen und Anstalten zu ihrer Pflege zu treffen. Meine Schwester von Meinungen schreibt mir nun, daß meine Mutter sich noch ganz gut halte, daß zur Beßerung meiner zweyten Schwester noch Hofnung sey, und daß es mit meinem Vater keine Gefahr habe...

Göthe grüßt euch freundlich, so wie wir alle...

Dein S.

***

Friedrich Schiller an Christian Gottfried Körner

Jena 3. Jul. 96 Sonntag.

Die ganze Woche lebte ich im Wilhelm Meister, den ich nun in seinem ganzen Zusammenhang lese und studiere. Jemehr ich mich damit familiarisiere, desto mehr befriedigt er mich. Ich bin entschloßen, mir die Beurtheilung deßelben zu einem ordentlichen Geschäft zu machen, wenn es mir auch die nächsten 3 Monate ganz kosten sollte. Ohnehin weiß ich für mein eigenes Interesse jetzt nicht beßeres zu thun. Es kann mich weiter führen als jedes andere und eigene Produkt, was ich in dieser Zeit ausführen könnte, es wird meine Empfänglichkeit mit meiner Selbstthätigkeit wieder in Harmonie bringen, und mich auf eine heilsame Art zu den Objekten zurückführen. Ohnehin wäre mirs unmöglich, nach einem solchen Kunstgenuß etwas eigenes zu stümpern. Bietet sich mir eine poetische Stimmung an, so werde ich sie nicht abweisen...

Tausend herzliche Grüße... an Euch alle...

Lebe recht wohl.

Dein Sch.

Christian Gottfried Körner an Friedrich Schiller

Dresden den 8. Jul. 96. Freitag.

Zwey Briefe von Dir, ein Göthisches Gedicht, die Horen, und die historischen Bücher sind angekommen. Das Gedicht von Göthe ist herrlich, aber Du mußt die Bescheidenheit nicht übertreiben. (Schiller hatte an Körner am 27. Juni 96 geschrieben: „Aber gegen Goethen bin ich und bleib' ich ein poetischer Lump." – C. T.) In dieser Gattung kann Göthe Vorzüge vor Dir haben, aber diese Gattung ist nicht die ganze Sphäre der Dichtkunst... Bey meinem Aufenthalte in Jena habe ich mich oft beschäftigt Eure Talente zu vergleichen, und finde noch immer das bestätigt, was ich Dir vor einiger Zeit über Deinen Dichterberuf schrieb. Der gestaltlose Gedanke ist bey Dir immer das Erste. Diesem soll die Phantasie dienen um ihm eine Gestalt zu geben. Bey Göthen, bilde ich mir ein, ist das Spiel der Phantasie das Erste. Durch dieß entsteht die Gestalt. Sie kann nie geistlos seyn, da sie ein Produkt ist, aber ob sie geistvoll sey, kümmert ihn nicht. Er wacht über Einheit, Harmonie, Bestimmtheit der Umrisse, Individualität, und diese sucht er in der Darstellung seines Bildes zu versinnlichen. Diese Darstellung aber ist wieder ein Werk des Kampfs mit dem widerstrebenden Medium, und hier glaube ich bist Du wieder Göthen überlegen. Du herrschest unumschränkter über die Sprache. Auch im Versbau bist Du strenger gegen Dich selbst, und duldest solche Nachläßigkeiten nicht die man auch zuweilen in Göthens besten Gedichten findet. So hast Du auch den Effekt des Theaters mehr studiert. – Versuch' es nur Deiner Phantasie mehr Freyheit zu lassen, ohne zu sorgen, was sie hervorbringen wird. Was Du mir von Deinen dichterischen Planen gesagt hast, wird gewiß dann am glücklichsten ausgeführt werden, wenn irgend eine zufällige Geburt Deiner Phantasie mit einem oder dem andern zusammentrifft. Die Gestalt mußt Du finden ohne sie zu suchen, aber die Darstellung kannst Du Dir dann zum Geschäft machen...

Tausend Grüße von Minna an Dich und Lottchen. Lebe recht wohl. Dein Körner.

Friedrich Schiller an Christian Gottfried Körner

Jena, 11. Juli 1796. Montag.

Vor 2 Stunden, diesen Mittag gegen Eins erfolgte die Niederkunft der kleinen Frau über Erwarten geschwind, und gieng unter Starkes Hülfe überaus gut und glücklich vorüber. Meine Freude ist doppelt, denn der neue Ankömmling ist ein Junge, der ganz frisch und munter in die Welt kuckt. Ein großer Stein ist mir nun vom Herzen gewälzt; für den weitern Gang der Wochen wird der Himmel auch sorgen, ich habe jetzt wieder Muth und Hoffnung...

Um euch zu Gevattern zu bitten, dazu sind wir sämmtlich zu schlechte Christen. adieu.

Sch.

***

Friedrich Schiller an Christian Gottfried Körner

Jena 29 7br. 96. Donnerstag.

...

Meiner Schwester ist nun auch mein Vater ins Grab gefolgt; freilich nach einem so langwierigen traurigen Krankenlager, daß wir längst alle Hofnung aufgaben, und der Tod eine Wohlthat war. Aber Du begreifst wohl, daß sich das Herz unter solchen Erfahrungen nicht erheitern kann.

Lotte und Karl sind gottlob wohl. Mein Schwager und Schwägerin sind schon seit etlich Monaten hier, auch Göthe. Humboldt meynt in 3 Wochen hier seyn zu können.

Ich umarme euch herzlich

Dein Sch.

Friedrich Schiller an Christian Gottfried Körner

Jena 21. Nov. 96 Montag.

... Die Lectüre der Quellen zu meinem Wallenstein beschäftigt mich jetzt ausschließend, ich kann diesem Gegenstand schlechterdings nicht anders beykommen, als durch das genaue Studium der Zeitgeschichte. Was ich sonst darüber gedacht und daran gebildet, hilft mir nicht sonderlich viel, ich bin erst jetzt mit den Anfoderungen an diesen Stoff und mit den Schwierigkeiten dabey recht bekannt worden. Doch hoffe ich sie glücklich zu überwinden...

Nächstens mehr.

Dein S.

***

Friedrich Schiller an Christian Gottfried Körner

Jena 28. Nov. 96. Montag.

Ich brüte noch immer ernstlich über dem Wallenstein, aber noch immer liegt das unglückselige Werk formlos und endlos vor mir da. Du mußt aber nicht denken, als ob ich meine dramatische Fähigkeit, soweit ich sie sonst mag beseßen haben, überlebt hätte; nein, ich bin bloß deßwegen unbefriedigt, weil meine Begriffe von der Sache und meine Anfoderungen an mich selbst jetzt bestimmter und klärer, und die letzteren strenger sind. Keins meiner alten Stücke hat soviel Zweck und Form, als der Wallenstein jetzt schon hat, aber ich weiß jetzt zu genau was ich will und was ich soll, als daß ich mir das Geschäft so leicht machen könnte.

Der Stoff ist, ich darf wohl sagen, im höchsten Grad ungeschmeidig für einen solchen Zweck, er hat beynahe alles, was ihn davon ausschließen sollte. Es ist im Grund eine Staatsaction und hat, in Rücksicht auf den poetischen Gebrauch, alle Unarten an sich, die eine politische Handlung nur haben kann, ein unsichtbares abstractes Objekt, kleine und viele Mittel, zerstreute Handlungen, einen furchtsamen Schritt, eine (für den Vortheil des Poeten) viel zu kalte trockene Zweckmäßigkeit ohne doch diese biß zur Vollendung und dadurch zu einer poetischen Größe zu treiben; denn am Ende mislingt der Entwurf doch nur durch Ungeschicklichkeit. Die Base, worauf Wallenstein seine Unternehmung gründet, ist die Armee, mithin für mich eine unendliche Fläche, die ich nicht vors Auge und nur mit unsäglicher Kunst vor die Phantasie bringen kann: ich kann also, das Object worauf er ruht, nicht zeigen, und eben so wenig das, wodurch er fällt; das ist ebenfalls die Stimmung der Armee, der Hof, der Kaiser. – Auch die Leidenschaften selbst wodurch er bewegt wird, Rachsucht und Ehrbegierde, sind von der kältesten Gattung. Sein Character endlich ist niemals edel und darf es nie seyn, und durchaus kann er nur furchtbar, nie eigentlich groß erscheinen. Um ihn nicht zu erdrücken, darf ich ihm nichts großes gegenüber stellen, er hält mich dadurch nothwendig nieder. Mit einem Wort, es ist mir fast alles abgeschnitten, wodurch ich diesem Stoffe nach meiner gewohnten Art beykommen könnte, von dem Innhalt habe ich fast nichts zu erwarten, alles muß durch eine glückliche Form bewerkstelligt werden, und nur durch eine kunstreiche Führung der Handlung kann ich ihn zu einer schönen Tragödie machen.

Du wirst, dieser Schilderung nach, fürchten, daß mir die Lust an dem Geschäfte vergangen sey, oder wenn ich dabey wider meine Neigung beharre, daß ich meine Zeit dabey verlieren werde. Sey aber unbesorgt, meine Lust ist nicht im geringsten geschwächt, und eben so wenig meine Hofnung eines treflichen Erfolges. Gerade so ein Stoff mußte es seyn, an dem ich mein neues dramatisches Leben eröfnen konnte. Hier, wo ich nur auf der Breite des Scheermessers gehe, wo jeder Seitenschritt das Ganze zu Grund richtet; kurz, wo ich nur durch die einzige innere Wahrheit, Nothwendigkeit, Stätigkeit und Bestimmtheit meinen Zweck erreichen kann, muß die entscheidende Crise mit meinem poetischen Character erfolgen. Auch ist sie schon stark im Anzug; denn ich tractiere mein Geschäft schon ganz anders, als ich ehmals pflegte. Der Stoff und Gegenstand ist so sehr außer mir, daß ich ihm kaum eine Neigung abgewinnen kann; er läßt mich beynahe kalt und gleichgültig, und doch bin ich für die Arbeit begeistert. Zwey Figuren ausgenommen, an die mich Neigung fesselt, behandle ich alle übrigen, und vorzüglich den Hauptcharacter, bloß mit der reinen Liebe des Künstlers, und ich verspreche Dir, daß sie dadurch um nichts schlecher ausfallen sollen. Aber zu diesem bloß objectiven Verfahren war und ist mir das weitläuftige und freudlose Studium der Quellen so unentbehrlich; denn ich mußte die Handlung wie die Charactere aus ihrer Zeit, ihrem Lokal und dem ganzen Zusammenhang der Begebenheiten schöpfen, welches ich weit weniger nöthig hätte, wenn ich mich durch eigne Erfahrung mit Menschen und Unternehmungen aus diesen Klassen hätte bekannt machen können. Ich suche absichtlich in den Geschichtsquellen eine Begrenzung, um meine Ideen durch die Umgebung der Umstände streng zu bestimmen und zu verwirklichen; davor bin ich sicher, daß mich das Historische nicht herabziehen oder lähmen wird. Ich will dadurch meine Figuren und meine Handlung bloß beleben; beseelen muß sie diejenige Kraft, die ich allenfalls schon habe zeigen können, und ohne welche ja überhaupt kein Gedanke an dieses Geschäft von Anfang an möglich gewesen wäre.

Auf dem Weg den ich jetzt gehe kann es leicht geschehen, daß mein Wallenstein durch eine gewiße Trockenheit der Manier sich von meinen vorhergehenden Stücken gar seltsam unterscheiden wird. Wenigstens habe ich mich bloß vor dem Extrem der Nüchternheit, nicht wie ehmals vor dem der Trunkenheit zu fürchten.

Aus dem, was ich hier hingeworfen, kannst Du Dir nun wohl erklären, warum meine Vorarbeiten an dem Wallenstein für nicht viel zu rechnen sind, obgleich sie allein mich bestimmt hatten, dem Stoffe getreu zu bleiben. Sonst aber mußte ich die Arbeit als eine ganz neue tractieren und Du begreifst, warum ich keine schnellen Schritte machen kann. Dennoch hoffe ich in drey Monaten des Ganzen soweit mächtig zu seyn, daß mich nichts an der Ausführung hindert. Freilich verspreche ich mir den Trost der Vollendung vor dem August des künftigen Jahres nicht. Bey Euch also werde ich auch des vollendeten Wallensteins wie des Carlos zuerst mich freuen, und eh es dahin kommt, werde ich Dir noch manche Aufmunterung dabey zu danken haben.

Laß uns aber nun den Vertrag miteinander aufrichten, daß Du es nie annehmen willst, wenn ich Dich theilweise mit dem Stükke bekannt machen wollte. Leicht könnte mir einmal der Autorendrang kommen, und da hätte ich den wichtigsten Theil Deines Urtheils mir geraubt, welches sich nur auf die klare Ansicht des Ganzen gründen kann. Ich werde es eben so mit Göthen und mit Humboldt halten, und mir auf diese Art in eurem dreyfachen Urtheil einen Schatz aufheben...

Lebe recht wohl. Bey uns ist alles wohl auf und grüßt euch alle herzlich.

Dein S.

***

Christian Gottfried Körner an Friedrich Schiller

Dresden den 15. Dec. 96. Donnerstag.

Deine Methode in Behandlung des Wallensteins ist mir aus Deiner jetzigen Denkart über die Kunst sehr begreiflich. Auch stehst Du jetzt auf einem solchen Punkte, daß Dich die Schwierigkeiten des Stoffs eher anziehen, als abschrecken werden. Mir ist daher vor der Vollendung nicht bange.

Ich habe lange herumgesonnen, ob ich Dir nicht Memoires aus den Zeiten des 30 jährigen Kriegs angeben könnte, und mir ist nichts brauchbares eingefallen... Auch Memoires von einem mittelmäßigen Kopfe geschrieben haften immer nur an der Oberfläche, und geben höchstens von dem Costum eine deutlichere Anschauung. Du brauchst lebendige Modelle zu Deinem Gemählde, und es kommt däucht mich nicht darauf an, ob sie gerade in dem Costum auftreten in dem Du Deine Gestalten darzustellen hast. In der wirklichen Welt hast Du nicht Gelegenheit Materialien für das Leben Deiner Figuren zu sammeln, also bleibt nichts übrig als das Studium geistvoller Geschichtsschreiber, die uns aus eigner Erfahrung in das Innre der menschlichen Natur einen Blick eröffnet haben. Von dieser Art kenne ich nur 2. Tacitus und Retz...

Es wird mir schwer werden mein Versprechen zu halten keine einzelnen Theile des Wallenstein sehen zu wollen. Aber für gut halte ich es freylich, wenn Du die einzelnen Scenen niemanden sehen läßt. Beym Carlos hat es vielleicht dem Ganzen geschadet daß Du auf die Wirkung einzelner Scenen zuviel Gewicht legtest.

Ueber die Jamben bin ich noch nicht mit Humbold einverstanden. Ich würde sie ungern entbehren, und nur die Ueberzeugung, daß sie wirklich der lebendigen Darstellung schadeten, könnte mich davon zurückbringen. Es fragt sich ob solche Scenen im Wallenstein vorkommen die schlechterdings nicht in Jamben gesagt werden können. Und dann wäre noch zu entscheiden, ob man nicht wie Shakespear bloß in solchen Scenen die Jamben aufhören ließe. Doch will mir dieß nicht recht gefallen. Es giebt mir immer einen Ruck, wie der Gesang in einer deutschen Oper ohne Recitative. Für das Lesen gewinnt jedes Drama sehr viel durch die Jamben. Der Vorleser wird schon durch den Rhythmus in die poetische Welt emporgehoben...

Agnes von Lilien (von Caroline von Wolzogen – C. T.) ist gewiß das Produkt eines guten Kopfs. Es ist eine Zartheit darin, die mich fast auf eine weibliche Verfasserin rathen macht. Hier und da finde ich noch ein gewisses Streben nach Putz, der nachher angefügt zu seyn scheint, und woran man gewöhnlich den Anfänger erkennt. Nur der Meister wagt es, in einfacher Tracht zu erscheinen...

Bey uns ist alles wohl, und grüßt Dich und Lottchen herzlich. Lebe recht wohl.

Dein
Körner.

Friedrich Schiller an Christian Gottfried Körner

Jena, den 27. Dezember 1796. Dienstag.

Meine Nachlässigkeit im Schreiben wird Dich vermuthen lassen, daß ich jetzt sehr in meiner Arbeit vergraben sei, und so ist es auch. Ueber dem Anstaltmachen und Meditiren kam ich in die Ausführung selbst hinein, und finde, daß selbst der Plan, bis auf einen gewissen Punkt, nur durch die Ausführung selbst reif werden kann... Ich bin nun ganz in der Ausführung, und werde in etlichen Wochen den ersten Act vollendet haben, welches bei weitem der größte, und wegen Anlage der Charaktere wohl auch der schwierigste ist. Mit Ende des 2ten Acts ist die ganze Exposition gegeben, und alle Charaktere, die bedeutendern ohnehin, eingeführt; so daß nach Beendigung dieser zwei ersten Acte die 3 übrigen nur als die organische Entwickelung aus diesem stamen anzusehen sind. Ich bin mit dem Bishergeleisteten wohl zufrieden, und habe guten Muth wegen des Folgenden...

Hast Du der Madame de Stael Schrift sur l' influence des passions gelesen? Sie wird Dich durch die Energie und durch das Geistreiche ihres Inhalts gewiß anziehen. Sie hat zwar gar keinen gefälligen, eher einen schneidenden Verstand, und ist für einen ästhetisch-schönen Eindruck zu passionirt und zu heftig; aber es interessirt in hohem Grade, wie sie die Weltmasse aufgenommen hat, die sich in den letzten 6 Jahren um sie herumbewegte, was für Resultate sie daraus gezogen, wie sie sich mit ihrem Geiste dagegen gerüstet hat...

Dein Sch.

***

Christian Gottfried Körner an Friedrich Schiller

Dresden, den 11. Jan. 97. Mittwoch.

Ich habe Dir lange nicht geschrieben, und Du wirst nicht errathen, was mich so sehr beschäftigt hat. Schon längst habe ich angefangen, einen faßlichen Unterricht in den Grundlehren der Melodie und Harmonie für meine Frau aufzusetzen, und in diesen Ferien wollte ich ihn vollenden. Ich bin wirklich bald fertig und gehe nun nicht eher davon ab. Mit diesem neuen Jahre will ich die fatale Angewohnheit abzulegen suchen, zehnerlei anzufangen und nichts zu endigen.

Zur Ausführung des Wallenstein wünsch' ich Dir Glück. Freilich hat auch das Brüten über dem Plane seine Grenzen. Manche sehr glückliche Ideen entstehen erst während der Ausführung, wenn man mit Freiheit und Leichtigkeit arbeitet. Du hast Dir in allem, was gleichsam zum Mechanischen des Dichters gehört, eine große Fertigkeit erworben. Sprache und Dialog stehen Dir zu Gebote, und für theatralische Wirkung hast Du einen gewissen Instinct, der Dich sehr sicher leitet. Du gleichst dem Zeichner, dessen geübte Hand willig dem Auge des Geistes folgt. Und in diesem Falle ist die Ausführung Genuß...

Die Frau von Stael gehört eigentlich nicht zu meinen Lieblingen, und ich bedarf eines äußern Stoßes, um etwas von ihr in die Hände zu nehmen.

Minna und die Kinder sind wohl... Tausend Grüße an Dich und Lottchen

Dein Körner.

***

Christian Gottfried Körner an Friedrich Schiller

Dresden den 21. Jan. 97. Sonnabend.

Wir haben ein Exemplar des 12ten Stück der Horen gesehen und sind sehr auf die Fortsetzung von Agnes von Lilien gespannt. Ich habe Auftrag von Minna und Dora Dich um baldige Einrückung des Folgenden zu bitten. Ueber den Verfasser wird oft unter uns gestritten. Minna hatte eine Idee, daß es von Dir seyn könnte. Ganz unwahrscheinlich ist der Gedanke nicht, nur zweifle ich, daß Du Dir die Mühe machen würdest, eine Maske so lange zu tragen. Denn zur Zeit ist von Deiner Manier keine Spur. Die zweyte Lieferung hat däucht mich, mannichfaltigern Gehalt als die erste, und ich weiß gar nicht mehr zu rathen. Daß es die Arbeit eines vorzüglichen Kopfs ist, bin ich überzeugt, aber gegen Göthen wollte ich wetten. Es fehlt noch eine gewisse Einfachheit in der Behandlung. Auch hat das Ganze das Ansehen eines Pendants zum Meister, und Göthe hat noch nie zwey ganz ähnliche Werke auf einander folgen lassen. Solche treffende Züge in der Charakterdarstellung, die einen tiefern Blick verrathen, und woran man Dich oder Göthen erkennen würde, findet man eben nicht. Der Stil ist fliessend und in der zweyten Lieferung weniger geputzt...

Lebe recht wohl...

Dein Körner.

***

Friedrich Schiller an Christian Gottfried Körner

Jena 7. Febr. 97 Dienstag.

... Ich stehe jetzt im Handel wegen eines Gartens und Gartenhauses, werde es auch wahrscheinlich bekommen; das Haus ist sehr leidlich zu einer Sommer Wohnung für eine Familie, wie die meinige, und wenn ich noch etwa zu den 1200 rht. die es mir kosten wird 600 zulege, so wird es ein recht geräumiges und angenehmes Quartier auch für den Winter abgeben. Der Garten ist nicht klein, und die Lage ist treflich. Ich hoffe von dieser Acquisition einen glücklichen Erfolg für meine Gesundheit.
Wahrscheinlich wirst Du aber daraus auf eine Veränderung in Rücksicht auf die Dresdner Reise schließen. Diese wird auch nicht so früh im Sommer vor sich gehen können, als ich anfangs glaubte, aber nicht dieses Gartenhauses, sondern des Wallensteins wegen, wozu ich mich äuserst zusammen nehmen, und jede große Zerstreuung mir versagen muß. Der Almanach kommt dazu, so daß ich jetzt in der That nicht weiß, wie ich biß auf den September mit allem dem fertig werden soll. Der Himmel wird helfen denk ich. Ich denke jetzt vor der Hand auf nichts als auf meine Arbeit. Ist diese erst gethan, und so ausgefallen, daß ich damit zufrieden seyn kann, so werde ich unser Zusammenleben in Dresden noch einmal so gut genießen...

Wir befinden uns alle leidlich wohl, die Kinder sind ganz gesund, nur der Zahn will bey dem kleinen Pathgen noch nicht heraus und macht ihm viele Noth. Herzlich umarmen wir euch alle

Dein S.

***

Friedrich Schiller an Christian Gottfried Körner

Jena 13. Febr. 97. Montag.

... Ich arbeite jetzt sehr langsam, und sehne mich nach einer freyern Existenz und nach dem Einfluß der mildern JahrsZeit. Das ununterbrochene Gefängnißleben in meinen vier Wänden wird mir unerträglich, und in die Länge könnte ichs nicht mehr aushalten. Hoffentlich kommt mein Gartenkauf zu stande, und dann ziehe ich gleich Ende März hinaus.

Lebewohl und gieb mir bald Nachricht. Wir sind übrigens wohl auf und umarmen euch herzlich

Dein Sch.

***

Christian Gottfried Körner an Friedrich Schiller

Dresden. den 17. Febr. 97. Freitag.

... Wenn der Aufenthalt in einem Gartenhause für Deine Gesundheit wohlthätig ist, so ist kein Wort darüber zu sagen. Aber die Besorgung beym Bau und der nachherigen Einrichtung wird Dir bey Deinen andern Arbeiten soviel Zeit kosten, daß meine Hoffnung Dich in diesem Jahre auf eine längere Zeit zu sehen, beynahe ganz verschwindet. Ich hatte mich sehr darauf gefreut, und du wirst mir verzeihen, daß ich mich daher über Deinen vorletzten Brief eben nicht sehr freuen konnte...

Dein Körner.

***

Friedrich Schiller an Christian Gottfried Körner

Jena 24. Febr. 97. Freitag.

Unser alter Vereinigungs Plan, fürchte nicht, soll durch meinen Gartenkauf nichts leiden. Dieser würde ihm nie im Weg gestanden seyn, wenn ich auch zu bauen angefangen hätte; jetzt aber ist es ausgemacht, daß wenn ich den Garten zu Kauf kriege, in diesem Sommer ich allein ihn bewohne, wo gar nichts zu bauen nöthig ist, und erst im nächsten Sommer das Bauwesen angeht. Von der Seite wird also unsere Zusammenkunft sicher nicht gestört, aber der Wallenstein und der neue Almanach müssen bestimmen, wann ich meine Reise zu Euch werde antreten können. Jetzt darf ich und kann ich an nichts anders denken, als dieses Geschäft gut zu endigen, und es ist freilich noch erstaunlich viel zu thun. Ich hoffe binnen 8 Wochen entschieden zu wißen, wieviel Zeit mir der Wallenstein noch kosten wird...

Dein Sch

***

Friedrich Schiller an Christian Gottfried Körner

Jena 9. März 97. Donnerstag.

... Weißt Du mir keine Astrologische Bücher? Ich bin hier schlecht versehen. Da Du der Astrologie in alten Zeiten so nah gekommen bist, so solltest Du billig soviel davon wißen um einem guten Freunde damit aushelfen zu können...

Lebe wohl. Wir umarmen euch herzlich

Dein Sch.

***

Friedrich Schiller an Christian Gottfried Körner

Jena, den 7. April 97. Freitag.

... Göthe war 6 Wochen hier, und es wimmelte in meinem Hause zugleich von Familien Besuchen so, daß ich nicht nur in meinem Wallenstein sondern auch in allem, was mit der Feder geschehen muss, zurückgekommen bin. Solange ich in einer gewißen Ruhe und Gleichförmigkeit lebe, gehen alle Sachen bei mir ihren ordentlichen Gang, aber bin ich einmal herausgeworfen, so kann ich mich Wochen und Monate lang nicht wieder finden.

Das epische Gedicht von Göthen, das ich habe entstehen sehen, und welches, in unsren Gesprächen, alle Ideen über epische und dramatische Kunst in Bewegung brachte, hat, verbunden mit der Lecture des Shakespear und Sophocles, die mich seit mehrern Wochen beschäftigt, auch für meinen Wallenstein große Folgen, und da ich bei dieser Gelegenheit tiefere Blicke in die Kunst gethan, so muss ich manches in meiner ersten Ansicht des Stücks reformieren. Diese große Crise hat indeß den eigentlichen Grund meines Stücks nicht erschüttert, ich muß also glauben, daß dieser ächt und solid ist: aber freilich bleibt mir das schwerste noch immer übrig, nehmlich die poetische Ausführung eines so schweren Plans, wie der meinige es in der That ist...

Lebe wohl. Ich umarme euch alle herzlich. Inliegendes Reiterlied ist aus dem Wallenstein. Vielleicht hast Du Lust es zu componieren.

Dein S.

***

Friedrich Schiller an Christian Gottfried Körner

Jena 1 May 97. Montag.

... Mein kleiner hat sich nun ganz von den Blattern erhohlt und ist auch gar nicht sehr davon angegriffen...

Ich bin noch immer nicht im Garten, das Regenwetter hindert, daß das neugebaute in meinem Hause noch nicht trocknet; ich sehne mich aber sehr hinaus, denn hier in der Stadt kann ich gar nichts mehr arbeiten... Lolo grüßt herzlich. Ich umarme euch

Dein Sch.

Herder ist jetzt eine ganz pathologische Natur, und was er schreibt, kommt mir bloß vor, wie ein KrankheitsStoff, den diese auswirft, ohne dadurch gesund zu werden. Was mir an ihm fatal und wirklich ekelhaft ist, das ist die feige Schlaffheit bei einem innern Trotz und Heftigkeit. Er hat einen giftigen Neid auf alles Gute und Energische und affektiert, das Mittelmäßige zu protegieren. Göthen hat er über seinen Meister die kränkendsten Dinge gesagt. Gegen Kant und die neusten Philosophen hat er den größten Gift auf dem Herzen, aber er wagt sich nicht recht heraus, weil er sich vor unangenehmen Wahrheiten fürchtet, und beißt nur zuweilen einen in die Waden. Es muss einen indignieren, daß eine so große ausserordentliche Kraft für die gute Sache so ganz verloren geht...

***

Christian Gottfried Körner an Friedrich Schiller

Dresden den 29 May 97. Montag.

... Ich bin jetzt sehr in die Philosophie gerathen, und glaube einige helle Punkte gefunden zu haben. Mein Ziel ist von größter Wichtigkeit, und jede Annäherung ist schon Gewinn. Eine Bemerkung habe ich bey dieser Gelegenheit gemacht, daß Kant, den ich jetzt besonders studieren muß, mir immer dunkler zu werden scheint, je öfter ich ihn lese. Dieß gilt besonders von einigen Stellen in der Critik der reinen Vernunft.

Wilhelm Schlegel und seine Frau haben wir wenig gesehn. Sie hat für mich nichts anziehendes, und in seiner Natur ist auch manches, das mir nicht behagt. Sein Julius Cäsar hat viel Gutes, aber als Original ließt er sich doch nicht...

Lebe recht wohl.

Dein Körner

***

Friedrich Schiller an Christian Gottfried Körner

Jena, 3. Jun. 97. Sonnabend.

... Bei mir haben in den letzten 6 Wochen die Zerstreuungen wieder so schnell auf einander gewechselt, daß ich nichts habe thun können. Wir hatten immer Fremde, auch ist Göthe seit mehrern Wochen hier, den ich, vor seiner italienischen Reise jetzt wohl zum letztenmal sehe. Er ist beinah entschloßen, sich in 2 Monaten auf den Weg zu machen. Da Humboldts nun auch fort sind, und ich mit Schlegels den Umgang aufgehoben, so bin ich diesen Sommer ziemlich allein außer daß ich mit meinem Schwager und Schwägerinn die jetzt in Weimar etabliert sind, in einer angenehmen Verbindung lebe. Ich hoffe diese Muße für den Almanach gut zu nutzen.

Ich habe vor einiger Zeit Aristoteles Poetik, zugleich mit Göthen, gelesen und sie hat mich nicht nur nicht niedergeschlagen und eingeengt, sondern wahrhaft gestärkt und erleichtert...

Mich hat er mit meinem Wallenstein keineswegs unzufriedener gemacht. Ich fühle, daß ich ihm, den unvertilgbaren Unterschied der neuen von der alten Tragödie abgerechnet, in allen wesentlichen Foderungen Genüge geleistet habe und leisten werde.

Lebe recht wohl. Wir umarmen euch herzlich.

Dein S.

***

Christian Gottfried Körner an Friedrich Schiller

Dresden den 9. (und 11.) Jul. 97.
Sonntag und Dienstag.

Ich habe wieder großen Genuß an Deinen Balladen gehabt. Besonders ist der Taucher köstlich, auch lieb' ich den Handschuh sehr, wo besonders im Versbau eine eigne Kunst gebraucht ist. Diese Gedichte sind wieder Bestätigungen meines Satzes, daß Du Dich nur Deiner Phantasie zu überlassen brauchst, ohne sie durch übersinnliche Ideen zu stören, um Dich von Deinem Dichterberuf zu überzeugen. Hier ist das Objekt mit aller Klarheit, Lebendigkeit und Pracht. Solche Gedichte setzen keine Bekanntschaft mit besondern Ideen voraus, sie wirken allgemein, und befriedigen deswegen den gebildetern Leser nicht weniger...

Dein Körner.

***

Christian Gottfried Körner an Friedrich Schiller

Dresden den 30. Jul. 97. Sonntag.

Stoff zu Balladen müßte, dächt' ich, in der Bibliothek der Romane zu finden seyn. Auch in der Geschichte der Kreuz-Züge ist wohl manches brauchbar, als etwa die Abentheuer des Königs von England, Richard Löwenherz. Aber freylich so etwas ausgesuchtes, als der Stoff vom Taucher ist mir noch nicht eingefallen. Ohne eine kleine Dosis von Liebe behält die Ballade leicht etwas trocknes, das durch alles poetische Talent sich nicht überwinden läßt. Nur muß die Liebe däucht mich im Hintergrunde bleiben, und mehr aus ihren Wirkungen geahnet werden, sowie eben im Taucher, und in Göthens König von Thule, einem großen Liebling von mir. Große NaturScenen sind sehr passend für die Ballade, und alles Reinmenschliche. Aber moderne Kultur und conventionelle Verhältniße sind nicht zu brauchen. Die Begebenheit soll durch ein poetisches Denkmal verewigt werden. Dazu gehört eine volksmäßige Behandlung, die aber freylich von einem pöbelhaften Ton sehr verschieden ist ...

Humbolds sind fort und grüssen herzlich. Sie schienen ungern von Dresden wegzugehen. Mit ihm lebt sichs sehr gut. Sein immer gleicher Humor ist köstlich für den Umgang, und fast in allen Fächern geistiger Thätigkeit kann man bey ihm auf Sinn und Theilnehmung rechnen...

Lebe recht wohl.

Dein Körner.

***

Friedrich Schiller an Christian Gottfried Körner

Jena 6. Aug. 97. Sonntag.

... Es hat mich erfreut zu hören, daß Du Dir im Umgang mit Humboldten so wohl gefallen hast. Zum Umgang ist er auch recht eigentlich qualifiziert, er hat ein seltenes reines Interesse an der Sache, weckt jede schlummernde Idee, nöthigt einen zur schärfsten Bestimmtheit, verwahrt dabey vor der Einseitigkeit, und vergilt jede Mühe die man anwendet, um sich deutlich zu machen, durch die seltene Geschicklichkeit, die Gedanken des andern aufzufassen und zu prüfen. So wohlthätig er aber auch für jeden ist, der einen gewißen Gedankenreichthum mitzutheilen hat, so wohlthätig, ja höchst nothwendig ist es auch für ihn, von aussen ins Spiel gesetzt zu werden, und zu der scharfen Schneide seiner intellektuellen Kräfte einen Stoff zu bekommen, denn er kann nie bilden, immer nur schneiden und combinieren. Ich fürchte, die Anstalten die er macht um sich der neuen Weltmasse, die ihn in Italien erwartet zu bemächtigen, werden ihn um die eigentlichste und höchste Wirkung bringen, die Italien auf ihn machen sollte. Er versieht sich jetzt schon im Voraus mit Zwecken, die er dort verfolgen, mit Sehorganen durch die er jene Welt betrachten will, und so wird er machen, daß er auch nur darinn findet, was er mitbringt, und über dem ängstlichen Bestreben, viele einzelne Resultate mit nach Hause zu bringen, wird er, fürchte ich, dem Ganzen nicht Zeit und Raum lassen, sich als ein Ganzes in seine Phantasie einzuprägen – Italien könnte ihm sehr nützlich werden, wenn es seiner Einbildungskraft, die von seinem Verstande wie gefangen gehalten wird, einen gewißen Schwung geben, eine gewiße Stärke verschaffen könnte. Dazu gehörte aber, daß er nicht hineinzöge wie ein Eroberer, mit sovielen Maschinen und Geräthschaften, um es für seinen Verstand in Besitz zu nehmen. Es fehlt ihm zu sehr an einer ruhigen und anspruchslosen Empfänglichkeit, die sich dem Gegenstande hingiebt, er ist gleich zu activ und dringt mir zu unruhig auf bestimmte Resultate. Doch Du kennst ihn genug, und wirst wahrscheinlich hierin meiner Meinung seyn.

Ueber Alexandern habe ich noch kein rechtes Urtheil, ich fürchte aber, trotz aller seiner Talente und seiner rastlosen Thätigkeit wird er in seiner Wißenschaft nie etwas Großes leisten. Eine zu kleine unruhige Eitelkeit beseelt noch sein ganzes Wirken, und ich kann ihm keinen Funken eines reinen objectiven Interesse abmerken, und wie sonderbar es auch klingen mag, so finde ich in ihm, bei allem ungeheuren Reichthum des Stoffes, eine Dürftigkeit des Sinnes, die bei dem Gegenstande, den er behandelt, das schlimmste Uebel ist. Es ist der nakte, schneidende Verstand der die Natur, die immer unfaßlich und in allen ihren Punkten ehrwürdig und unergründlich ist, schaamlos ausgemessen haben will und mit einer Frechheit die ich nicht begreife, seine Formeln, die oft nur leere Worte, und immer nur enge Begriffe sind, zu ihrem Maaßstabe macht. Kurz mir scheint er für seinen Gegenstand ein viel zu grobes Organ und dabey ein viel zu beschränkter Verstandesmensch zu seyn. Er hat keine Einbildungskraft und so fehlt ihm nach meinem Urtheil das nothwendigste Vermögen zu seiner Wißenschaft – denn die Natur muß angeschaut und empfunden werden, in ihren einzelnsten Erscheinungen, wie in ihren höchsten Gesetzen.

Alexander imponiert sehr vielen, und gewinnt in Vergleichung mit seinem Bruder meistens, weil er ein Maul hat und sich geltend machen kann. Aber ich kann sie, dem absoluten Werth nach, gar nicht miteinander vergleichen, so viel achtungswürdiger ist mir Wilhelm...

Lebe wohl, herzlich umarmen wir euch

Dein Sch.

***

Christian Gottfried Körner an Friedrich Schiller

Dresden den 25. Aug. 1797. Freitag.

...

Dein Urtheil über Alexander Humbold scheint mir doch fast zu streng. Sein Buch über die Nerven habe ich zwar nicht gelesen, und kenne ihn fast bloß aus dem Gespräch. Aber gesetzt, daß es ihm auch an Einbildungskraft fehlt um die Natur zu empfinden, so kann er doch, däucht mich, für die Wissenschaft vieles leisten. Sein Bestreben alles zu messen und zu anatomiren gehört zur scharfen Beobachtung und ohne diese giebt es keine brauchbaren Materialien für den Naturforscher. Als Mathematiker ist es ihm auch nicht zu verdenken, daß er Maas und Zahl auf alles anwendet, was in seinem Wirkungskreise liegt. Indessen sucht er doch die zerstreuten Materialien zu einem Ganzen zu ordnen, achtet die Hypothesen, die seinen Blick erweitern, und wird dadurch zu neuen Fragen an die Natur veranlaßt. Daß die Empfänglichkeit seiner Thätigkeit nicht das Gleichgewicht hält, will ich wohl glauben. Menschen dieser Art sind immer in ihrem Wirkungskreise zu beschäftigt, als daß sie von dem, was ausserhalb vorgeht, große Notiz nehmen sollten. Dieß giebt ihnen das Ansehen von Härte und Herzlosigkeit ...

Herzliche Grüße von Minna und Dora an Dich und Lottchen. Lebe recht wohl

Dein Körner

***

Friedrich Schiller an Christian Gottfried Körner

Jena 20. Nov. 97. Montag.

... Ich habe diesen Monat durch Nichtschlafen wieder viele Zeit verloren, welches mir doppelt leid war, weil ich mit dem Wallenstein recht im Train war. Es ist nun entschieden, daß ich ihn in Jamben mache, ich begreife kaum, wie ich es je anders habe wollen können, es ist unmöglich ein Gedicht in Prosa zu schreiben. Alles was ich schon gemacht muss anders werden und ist es zum Theil schon. Es hat in der neuen Gestalt ein ganz anderes Ansehen, und ist jetzt erst eine Tragödie zu nennen.

Lebewohl für heute und schicke bald Deinen kritischen Brief über den Almanach

Herzlich umarmen wir euch

Dein S.

***

Friedrich Schiller an Christian Gottfried Körner

Jena 8 Jan. 98. Montag.

Nur ein paar Zeilen für heut, um Dich wegen meiner Gesundheit ausser Sorge zu setzen. Ich befinde mich wieder recht wohl, bin in guter Stimmung zum Arbeiten und es geht mir von der Hand. Auch die übrige Familie ist wohl auf und grüßt euch herzlich ...

In 8 Tagen erwarte ich Göthen hier und mit ihm eine wichtige Epoche für mein Geschäft, denn ich werde ihm den Wallenstein vorlesen soweit er fertig ist. Ich bin voll Erwartung, obgleich ich im ganzen genommen des Eindrucks auf eine gebildete Natur mich ziemlich gewiß halte, denn ich kann nicht läugnen, daß ich mit meiner Arbeit sehr wohl zufrieden bin, und mich manchmal darüber wundre. Du wirst von dem Feuer und der Innigkeit meiner beßten Jahre nichts darinn vermissen, und keine Roheit aus jener Epoche mehr darin finden.

Die kraftvolle Ruhe, die beherrschte Kraft wird auch Deinen Beyfall erhalten. Aber freilich ist es keine griechische Tragödie und kann keine seyn; wie überhaupt das Zeitalter, wenn ich auch eine daraus hätte machen können, es mir nicht gedankt hätte. Es ist ein zu reicher Gegenstand geworden, ein kleines Universum und die Exposition hat mich erstaunlich in die Breite getrieben. Obgleich zum zweiten Akt noch einige Scenen fehlen, und von den folgenden Akten noch gar nichts in Ordnung gebracht ist, so kann ich Göthen doch viermal soviel, als der Prolog beträgt, vorlesen; Du kannst daraus abnehmen, wie reich mein Stoff ausgefallen, denn an der Schreibart, die sehr concis ist, liegt es nicht. Doch werden die letzten Akte, besonders der 4 und 5te merklich kleiner seyn, und die Tragödie, den Prolog abgerechnet, wird nicht über 15 gedrukte Bogen füllen...

Ich höre daß man in Dresden Borduren zu Zimmern wie auch Spiegel haben kann. Willst Du so gut seyn und mir eine Bordure zu einem blauen Zimmer von den Frauen aussuchen lassen und mir einige Muster davon senden, und mich zugleich wißen laßen, ob man sie nur Stück- oder auch Ellenweise kaufen kann...

Lebe wohl... Herzlich umarme ich euch alle

Dein S.

***

Friedrich Schiller an Christian Gottfried Körner

Jena, den 25. Januar 1798. Donnerstag.

Ich bin wieder fast 10 Tage durch ein Halsweh, das in meinem Hause herumgieng, in meiner Arbeit zurück gesetzt worden. Da ich jetzt in der innersten Mitte meines Geschäftes bin, so thut mir jede Unterbrechung doppelt leid, und sie schadet mir um so mehr, daß sie mich aus der Stimmung bringt, die sich dann, wenn ich auch gleich wieder wohl bin, nicht so schnell wieder findet. Wie will ich dem Himmel danken, wenn dieser Wallenstein aus meiner Hand und von meinem Schreibtisch verschwunden ist. Es ist ein Meer auszutrinken, und ich sehe manchmal das Ende nicht. Hätte ich 10 Wochen ununterbrochene Gesundheit, so wär er fertig; so aber habe ich kaum das Drittheil der Zeit zu meiner Disposition...

Herzlich umarmen wir euch alle Dein S.

Friedrich Schiller an Christian Gottfried Körner

Jena 16 März. 98. Freitag.

Ich glaubte von Posttag zu Posttag Dir etwas vom Wallenstein schicken zu können, aber obgleich ein tüchtiger Vorrath beisammen ist, so sind noch einige Lücken, welche auszufüllen ich bis jetzt noch keine rechte Stimmung habe finden können. . Alle Unterbrechungen ungeachtet, welche mir öftere Kränklichkeit in diesem Winter gemacht hat, und neuerdings seit 8 Tagen wieder machte, bin ich doch ziemlich vorwärts gerückt, und hoffe am Ende des Junius fertig seyn zu können.

Es macht mir wirklich eine Epoche, Dir den Wallenstein vorzulegen. Deine und meiner Foderungen an ein Kunstwerk sind seit diesen 11 Jahren, da ich das lezte Drama gemacht, gestiegen, und Gott gebe daß meine Kräfte zugleich gestiegen seyn mögen...

Ich habe vor etwa 14 Tagen endlich das BürgerDiplom von Paris erhalten, das schon vor 5 Jahren von Roland ausgefertigt worden und bis jetzt in Strasburg gelegen hat. Es ist ganz aus dem Reich der Todten an mich gelangt, denn das Loi haben Danton und Claviere unterschrieben, und den Brief an mich Roland. Die Besorgung gieng durch Custine, auf seinem deutschen Feldzug, und diese alle sind nicht mehr.

Zu dieser Ehrenbezeugung ist kürzlich noch eine andere gekommen, die mir eben so wenig hilft. Unsre Höfe haben mir aus eigner Bewegung die Würde eines Professor ordinarius honorarius zugetheilt. Ich gewinne zwar nichts dabei, nicht einmal einen Anspruch auf eine künftig einmal vacante Besoldung, indeßen hat es mich doch gefreut, daß man mir, ohne den geringsten Vortheil von mir zu haben oder zu hoffen, da ich schon viele Jahre lang nicht mehr lese, diese Aufmerksamkeit bewiesen hat. Die Horen hören auf, es ist mir völlig unmöglich mich dafür zu intressieren und Cotta hat auch, bei dem starken Honorar eher Schaden als Gewinn. Doch war er bereit sie fortzusetzen.

Hier meine Borduren Schuld, nebst Horen.

Wir umarmen euch alle herzlich, Dein S.

Christian Gottfried Körner an Friedrich Schiller

Dresden den 26. März. 98. Montag.

... Daß unsre Foderungen an ein Kunstwerk seit 11. Jahren sehr gestiegen sind, finde ich auch, und wir können uns dazu Glück wünschen. Wehe dem, der sich eines Stillstands bewußt ist! Unsre Fortschritte bürgen uns für die unverwelkte Jugend des Geistes, ohne die es keinen höhern Lebens Genuß giebt. – Strenger werde ich aber gewiß nicht gegen den Wallenstein seyn, als Du selbst gegen Deine Arbeiten zu seyn pflegst, wenn Du sie einige Zeit aus dem Gesicht verloren hast.

Die Pariser Ehrenbezeugung will zur Zeit nicht viel bedeuten. Das Comödianten Wesen dieser Menschen ist mir widerlich. Nur für ihre Generale muß man Respekt haben...

Bey dem neuen Professor-Titel ist doch wenigstens ehrlicher deutscher guter Wille, der immer seinen Werth hat.

Daß Du die Horen eingehen lassen würdest, habe ich erwartet. Aber hast Du nicht Lust zu einer andern periodischen Schrift die nicht Monatsweise herauskäme, sondern zu unbestimmten Zeiten, und wo Du mit Göthen die Resultate eurer Untersuchungen über Gegenstände der Natur und Kunst aufbewahrtest, da ihr doch beyde manchmal in Zwischenzeiten euch mehr zum Betrachten als zum Hervorbringen gestimmt fühlt? Humbold und vielleicht auch ich, oder andre könnten etwa einzelne Beyträge liefern.

Das Geld für die Bordüren habe ich gefunden...

Dein Körner.

***

Friedrich Schiller an Christian Gottfried Körner

Jena 15. Jun. 98. Freitag.

Nur ein paar Zeilen für heute. Der Kopf ist mir diesen Monat so warm von dem, was ich noch zu thun und zu leisten habe, daß ich gar zu keiner ordentlichen Folge in meinen Geschäften komme. Göthe ist auch schon lange hier und wir sehen uns jeden Abende...

Man sollte sich hüten, auf ein so compliciertes, weitläuftiges und undankbares Geschäft sich einzulaßen, wie mein Wallenstein ist, wo der Dichter alle seine poetischen Mittel verschwenden muß, um einen widerstrebenden Stoff zu beleben. Diese Arbeit raubt mir die ganze Gemächlichkeit meiner Existenz, sie heftet mich anstrengend auf einen Punkt, läßt mich an kein ruhiges Empfangen von andern Eindrücken kommen, weil zugleich auch die Idee eines bestimmten fertigwerdens drängt – und gerade jetzt scheint sich die Arbeit noch zu erweitern, denn je weiter man in der Ausführung kommt, desto klarer werden die Foderungen, die der Gegenstand macht und Lücken werden sichtbar, die man vorher nicht ahnden konnte. Ich bin nun erst recht froh, daß ich Dir von den ersten Akten noch nichts gezeigt, denn Du sollst das Ganze gleich in der Gestalt sehen, worinn es bleiben kann und muß...

Lebe recht wohl. Herzlich umarmen wir euch alle.

Dein S.

***

Christian Gottfried Körner an Friedrich Schiller

Dresden den 24. Jun. 98. Sonntag.

Die letzten Kindwehen vom Wallenstein werden nun auch bald überstanden seyn, und dann wird er als ein wackrer Pursche ans Licht treten. Daß Deine Foderungen während der Arbeit immer zunehmen bin ich bey Dir schon gewohnt. Der Drang des Fertigwerdens in der letzten Zeit macht zwar einen peinlichen Zustand, aber er bewirkt auch eine Spannung, die oft für das Werk selbst noch recht wohlthätig ist.

Ist der Wallenstein fertig, dann solltest Du Dir eine besondere Erqvickung ausdenken. – Daß ich noch auf Deine Mittheilung warten muß will mir gar nicht in den Kopf. Glaubst Du denn soviel noch an den ersten Akten ändern zu müßen? ...

Lebewohl. Herzliche Grüße von Minna und Dora.

Dein Körner.

***

Friedrich Schiller an Christian Gottfried Körner

Jena 15. Aug. 98 Mittwoch.

... Ich habe ..., während Deiner Abwesenheit, nicht viel thätiger gelebt, was das Producieren betrifft. Es fehlt mir dieses Jahr an aller Lust zum lyrischen, ja ich habe sogar eine Abneigung dagegen, weil mich das Bedürfniß des Almanachs, wider meiner Neigung, aus dem beßten Arbeiten am Wallenstein wegrief. Ich hab es auch verschworen, daß der Almanach außer dieser nur noch eine einzige Fortsetzung erleben und dann aufhören soll. Ich kann die Zeit die mir die Redaction und der eigne Antheil wegnimmt zu einer höhern Thätigkeit verwenden, die Kälte des Publicums gegen lyrische Poesie und die Gleichgültige Aufnahme meines Almanachs, die er nicht verdient hat, machen mir eben nicht viel Lust zur Fortsetzung; deßwegen werde ich, wenn der Wallenstein mir gelungen ist, beim Drama bleiben und in den übrigen Stunden theoretische und kritische Arbeiten treiben...

Es ist mir der Gedanke gekommen, ob wir uns nicht, etwa Anfang Octobers, wenn ich den Almanach vom Halse habe, an einem dritten Ort, vielleicht in Wurzen, sehen könnten, um uns doch wieder zu sehen, etwa auf drey Tage. Man ließ die Kinder zu Hause, ihr brächtet vielleicht Geßlern ich Göthen mit. Auch machte mirs eine wahre Lust, euch den Wallenstein zu lesen, soweit er fertig ist, und so jenen immer unvergeßlichen Abend anno 1787 wo ich die letzten Acte des Carlos euch vorlas zu wiederhohlen. Denn ich muß gestehen, daß Ihr, Humboldts, Göthe und meine Frau die einzige Menschen sind, an die ich mich gern erinnre wenn ich dichte und die mich dafür belohnen können, denn das Publicum, so wie es ist, nimmt einem alle Freude.

Ich habe Göthen dieser Tage die zwey letzten Akte des Wallensteins gelesen, soweit sie jetzt fertig sind, und den seltenen Genuß gehabt, ihn sehr lebhaft zu bewegen, und das ist bei ihm nur durch die Güte der Form möglich, da er für das Pathetische des Stoffes nicht leicht empfänglich ist...

Herzlich umarmen wir euch.

Dein S.

***

Christian Gottfried Körner an Friedrich Schiller

Dresden den 22. Aug. 98. Mittwoch.

... Freylich wäre es schön, wenn wir uns auch allenfalls nur auf kurze Zeit einmal wiedersehen könnten. Und daß wir gern nach einer Vorlesung des Wallenstein reisen würden, kannst Du uns zutrauen. Sobald also die Zeit eintritt, so schreib' uns nur bestimmt, wenn Du eintreffen kannst, und dann werden wir unserer Seits alles aufbieten, um diese Idee auszuführen.

Gegen das Publikum, glaub' ich, bist Du nicht ganz gerecht. Du erfährst nur einen kleinen Theil von der Wirkung Deiner Arbeiten. Der Deutsche hat ohnehin keinen Hang den tiefen Eindruck, den ein Kunstwerk auf ihn macht, laut werden zu lassen. Hierzu bedarf es immer noch eines besondern Anlaßes. Manchen, der Dich innig verehrt, hält die Bescheidenheit ab, sich gegen Dich selbst darüber zu äussern. Dagegen giebt es Menschen, die sich ein Geschäft daraus machen Dir jedes ungewaschene Urtheil, was irgendwo gedruckt wird, zu hinterbringen. Aber die litterarischen Schreyer, die Du überdieß durch die Xenien gereizt hast, sind das Publikum nicht, so wenig als die Pariser Werkzeuge der kämpfenden Faktionen die französische Nation ausmachen. – Was ich Dir einräume, ist wenig Empfänglichkeit bey dem Publikum im Ganzen für poetische Form. Aber dieß trifft Göthen mehr als Dich. In Deinen Werken ist immer noch ein besondrer Gehalt des Stoffs, der auf mehrere wirkt, die zwar nicht den Künstler, aber doch den Menschen zu schätzen wissen. – Schade wäre es also, wenn Du die Lust zum Almanach verlörst. Die Redaction solltest Du freylich einem Gehülfen überlassen, wenn sie Dir zuviel Zeit nimmt, aber es ist oft wohlthätig, daß Du zu einer gewissen Gattung von Gedichten durch einen äussern Antrieb veranlaßt wirst. Während der Arbeit kommt dann der innre Trieb hinzu, wenn Dir der erste Versuch gelingt...

Ich werde jetzt wahrscheinlich eine andre Stellung bekommen, die mir jetzt 200. und in der Folge 7 bis 800. Thaler mehr einbringt, und nicht mehr Arbeit hat, als meine jetzige. Es ist das Geheime Referendariat, eine Art Sekretairstelle bey dem Conferenzminister eines besondern Departements...

Dein Körner

***

Friedrich Schiller an Christian Gottfried Körner

Jena, 31. Aug. 98. Freitag

Zur Verbesserung Deiner Aussichten wünsche ich Dir herzlich Glück, wiewohl es mich einige Ueberwindung kostet, von der Hofnung, Dich in Leipzig einmal etablirt zu sehen, Abschied zu nehmen. Ich hatte mir viel von dieser letztern Aussicht versprochen, wir wären uns so viel näher, die Communication soviel leichter, Dein eigener Zustand so viel freier gewesen. Das schönste ja das einzige was der Existenz einen Werth giebt, die wechselseitige Belebung und Bildung hätte dabey gewonnen; nicht Du allein, ihr alle hättet, nach meiner Vorstellung, an ächtem Lebensgehalt gewinnen müssen, wenn Du in ein freieres Verhältniß Dich hättest setzen können, was doch auf einer Universität immer der Fall ist, und wenn wir, Goethe mitgerechnet, einander näher hätten leben können. Denn jetzt wäre eigentlich der Zeitpunkt, wo unser gegenseitiges Verhältniß, das durch seine innere Wahrheit, Reinheit und ununterbrochene Dauer ein Theil unserer Existenz geworden ist, die schönsten Früchte für uns tragen sollte. Man schleppt sich mit sovielen tauben und hohlen Verhältnissen herum, ergreift in der Begierde nach Mittheilung und im Bedürfniß der Geselligkeit so oft ein leeres, das man froh ist, wieder fallen zu lassen, es giebt so gar erschrecklich wenig wahre Verhältnisse überhaupt und so wenig gehaltreiche Menschen, daß man einander, wenn man sich glücklicherweise gefunden, desto näher rücken sollte.

Ich bin in dieser Rücksicht Goethen sehr viel schuldig, und ich weiß, daß ich auf ihn gleichfalls glücklich gewirkt habe. Es sind jetzt 4 Jahr verflossen, daß wir einander näher gekommen sind, und in dieser Zeit hat unser Verhältniß sich immer in Bewegung und im Wachsen erhalten. Diese vier Jahre haben mir selbst eine festere Gestalt gegeben, und mich rascher vorwärts gerückt, als es ohne das hätte geschehen können. Es ist eine Epoche meiner Natur, und sie würde noch reicher und bedeutender geworden seyn, wenn auch wir in dieser Zeit uns näher gelebt hätten. Doch genug davon...

Hast Du etwa Schelling kennen lernen, der jetzt nach Dresden gereist ist? Seine Schrift über die Weltseele kennst Du wohl schon. Es ist ein treflicher Kopf, auf den ich mich auch freue, denn er ist Professor hier geworden. Lebe wohl

Dein S.

***

Christian Gottfried Körner an Friedrich Schiller

Dresden den 16. Sept. 98. Sonntag.

Wenn Leipzig so nahe an Jena läge, als Weimar, so hätte ich nichts auf das zu antworten, was Du in Deinem letzten Briefe schreibst. Aber zu einer Reise von 9 Meilen entschließest Du Dich eben so schwer, wie zu einer Reise von 20. Also wären wir nur auf der Landkarte näher ohne uns deswegen öfter zu sehen. Dagegen hätte ich in Leipzig, das ich besser kenne, als Du, eine fatale Existenz, und wenn ich bey der dortigen Theurung auskommen wollte weniger Freyheit als hier. Außer der Fakultätsarbeit, die wenn sie ordentlich gemacht seyn soll, ihren Mann vollkommen beschäftigt, müßte ich noch Collegia lesen. In der Fakultät fände ich einen Trupp widriger Menschen mit denen es mir schwer werden würde, zusammen zu arbeiten. Hier ist meine Abhängigkeit nur scheinbar. Ich habe ein bestimmtes Departement, wo ich ohne alle Collegen arbeite. Die Minister sind froh wenn man ihnen Zeit und Anstengung erspart, und betragen sich sehr artig. Meine Arbeiten sind mannichfaltig und großentheils interessant, insofern sie die allgemeinen Landesanstalten zu Beförderung des Wohlstandes betreffen. Auch bleibt mir in der Folge, wenn die jetzigen Rückstände aufgearbeitet sind, mehr Muße übrig als beim Appellations-Gerichte.

Ich bin nicht reich genug, um als Hausvater bey den immer wachsenden Bedürfnissen meiner Familie unabhängig seyn zu können. Also wähle ich unter den Arten der Abhängigkeit diejenige, die nach meiner Ueberzeugung das kleinste Uebel ist, und wobey sich durch das, was der Mensch aus seinen Verhältnissen macht, ein höherer Grad von künstlicher Freyheit hervorbringen läßt. Auch weiß ich, daß Unabhängigkeit bey mir weniger fruchtbar seyn würde, als bey andern. Meine Existenz in der litterarischen und aesthetischen Welt ist mehr genießend als produktiv. Und zum Anschauen, Plane machen, Anstellen bleibt mir noch immer Muße genug.

Vor dem Anschließen an unbedeutende Menschen laß Dir bei mir nicht bange seyn. Ich lebe nur im Kreise meiner Familie. Geßler ist der einzige, der mir außerdem hier näher angehört... Sonst habe ich gern junge Menschen um mich, um nicht selbst unmerklich zu veraltern; und je selbständiger, härter und übermüthiger sie sind, desto lieber mag ich sie zum Gespräch... Zusammenkünfte mit Dir und Göthe sind Feste, auf die ich mich während meines Alltagslebens vertröste. Hier suche ich bloß mich unverdorben zu erhalten, damit ihr mich nicht als einen Philister wieder finden möget...

Lebe recht wohl und vergiß die Gedichte nicht.

Dein Körner.

***

Friedrich Schiller an Christian Gottfried Körner

Jena 30. Sept. 98 Sonntag.

... Göthe hat mir keine Ruhe gelassen biß ich ihm meinen Prolog zur Eröfnung der Theatralischen Winter Vorstellungen und eines renovierten Theatergebäudes überließ. In 10 Tagen wird er also in Weimar gespielt werden. Ich hab ihn, damit er unabhängig vom Stück gespielt werden könne, beträchtlich und gewiß um die Hälfte vermehrt, mit sehr viel neuen Figuren besetzt und wirklich ist er jetzt ein sehr lebhaftes Gemählde eines

Wallensteinischen Kriegslagers. Die Vorstellungen in Weimar dienen mir zu einer bequemen Theaterschule für das Stück und setzen mich in den Stand, ihn ehe ich ihn drucken laße oder an andere Theater überlasse zu einem sinnlichen öffentlichen Eindruck desto fähiger zu machen...

Das Stück selbst habe ich nun nach reifer Ueberlegung und vielen Conferenzen mit Göthe in zwey Stücke getrennt, wobey mich die schon vorhandene Anordnung sehr begünstigt hat. Ohne diese Operation wäre der Wallenstein ein Monstrum geworden an Breite und Ausdehnung und hätte, um für das Theater zu taugen, gar zuviel bedeutendes verlieren müssen. Jetzt sind es, mit dem Prolog, drey bedeutende Stücke, davon jedes gewißermaaßen ein Ganzes, das letzte aber die eigentliche Tragödie ist... Das zweite Stück führt den Nahmen von den Piccolominis, deren Verhältniß für und gegen Wallenstein es behandelt... Das Stück enthält die Exposition der Handlung in ihrer ganzen Breite und endigt gerade da, wo der Knoten geknüpft ist. Das dritte Stück heißt Wallenstein und ist meine eigentliche vollständige Tragödie, die Piccolomini können nur ein Schauspiel, der Prolog ein Lustspiel heißen...

Ich sehe mich also jetzt um ein complettes 5 Acktenstück reicher und kann auf einmal drey Schauspiele zu Markte bringen. Diese Veränderung hat mir allerdings neue Arbeit gemacht, denn um den zwey ersten Stücken mehr Selbständigkeit zu geben, habe ich einige neue Scenen und mehrere neue Motive nöthig, aber die Arbeit erneut mir auch die Lust, und sie ist unendlich angenehmer für mich, als die entgegengesetzte war, dem Stükke zu nehmen und es in einen engern Raum zu pressen...

Göthe grüßt Dich. Ich hab ihm Deinen letzten Brief mitgetheilt, und er findet auch, daß Du Deine Lage so gut nimmst als es möglich ist und daß sich gegen Deine Gründe nichts einwenden lasse...

Dein S.

***

Friedrich Schiller an Christian Gottfried Körner

Jena 29. 8br. 98 Montag.

Wenn ich Dir sage, daß ich in 9 Wochen die zwey noch übrigen Wallensteinischen Schauspiele auf die Bühne zu bringen habe, so wirst Du Nachsicht mit meiner Saumseligkeit im Schreiben haben. In der That habe ich absolut keinen Begriff davon, wie ich in diesem Zeitraum fertig werden soll, da außer einigen Bogen, die ganz neu zu machen sind, jede Scene in diesen zehen Akten zu retouchieren ist. Aber gerade diese Nothwendigkeit, das Ganze in einem kurzen Zeitraum, schnell durch den Kopf zu treiben, wird ihm gut thun und auf das Total einen glücklichen Einfluß haben.

Das Vorspiel ist nun in Weimar gegeben. Die Schauspieler sind freilich mittelmäßig genug, aber sie thaten was sie konnten, und man mußte zufrieden seyn... Uebrigens ist es ergangen, wie wir erwarteten. Die große Masse staunte und gaffte das neue dramatische Monstrum an, einzelne wurden wunderbar ergriffen...

Den dramatischen Prolog sollst Du erhalten, sobald er ins Reine geschrieben ist.

Lebe wohl. Herzlich umarmen wir euch alle...

Dein S.

Schreib' mir auch im nächsten Brief, wie Du künftig zu titulieren bist.

***

Friedrich Schiller an Christian Gottfried Körner

Jena 10. Febr. 99 Sonntag.

Es ist eine Ewigkeit, daß ich weder an Dich noch an sonst einen Menschen in der Welt geschrieben habe... Seit etlichen Tagen bin ich von Weimar zurück, wo ich 5 Wochen lang mit meiner ganzen Familie gewesen, um durch persönliches Treiben und Bemühen eine erträgliche Darstellung meiner Piccolomini zu bewirken. Dieß ist nun glücklich überstanden, meine Absicht ist erreicht worden, das Stück hat alle Wirkung gethan, die mit Hilfe dieses Theaterpersonals nur irgend zu erwarten gewesen. Es wurde zweimal hintereinander gespielt und das Interesse ist bei der zweiten Repraesentation noch gestiegen. Es kommt mir zwar selbst sonderbar vor, daß das Publikum meinen Wallenstein früher kennen lernen soll, als Du, aber ich kanns einmal nicht ändern. Du erhältst ihn nicht eher als biß alles fertig ist, das ist eine Freude, die ich mir vorbehalten habe, von Dir will ich ein reines Urtheil über das Ganze hören. In spätestens 6 Wochen hoffe ich das lezte Stück vollendet zu haben, dann erhälst Du alles auf einmal.

Mein Auffenthalt in Weimar hat mir auch in Rücksicht auf meine Gesundheit wieder neue gute Hofnungen erweckt. Ich bin genöthigt gewesen alle Tage in Gesellschaft zu seyn, und ich habe es wirklich durchgesetzt, mir etwas zuzumuthen. Selbst an den Hof und auf die Redoute bin ich gegangen, ohne daß meine Krämpfe mich daran gehindert, und so hab ich in diesen 5 Wochen wieder als ein ordentlicher Mensch gelebt und mehr mitgemacht, als in den letzten 5 Jahren zusammen genommen. Freilich habe ich diese 5 Wochen für meine Arbeit ganz verloren, sonst könnte ich heute mit dem ganzen Wallenstein fertig seyn, aber in anderer Rücksicht reuen mich diese Zerstreuungen gar nicht...

Ich sehne mich sehr wieder etwas von Euch zu hören...

Dein Sch.

***

Friedrich Schiller an Christian Gottfried Körner

Jena 25. März 99 Montag.

Hier endlich schicke ich Dir das opus. Sei so gut und lies es erst mit Bedacht, für Dich, daß Du ein wenig damit bekannt wirst, ehe Du es vorliesest. Du kannst es 14 Tage behalten...

Wir umarmen euch herzlich

Dein Sch.

***

Christian Gottfried Körner an Friedrich Schiller

Dresden, den 31. März 99. Sonntag.

Ich hätte Dir gewünscht den Eindruck zu sehen, den Dein Werk auf mich gemacht hat. Es ist ein Erfolg, der Dir, das weiß ich, nicht gleichgültig ist. Nur soviel laß mich Dir sagen, daß ich mich ganz wieder verjüngt, und in die schönen Tage unsers ehemaligen Beisammenseins versetzt fühlte. – Ich erwartete viel Kunst vom Wallenstein, aber fürchtete ebendeshalb eine gewisse Kälte, bei der planmäßigen und schulgerechten Methode, mit der Du dabei verfahren hattest. Destomehr wurde ich durch das jugendliche frische Leben überrascht, das in dem ganzen Werke athmet. Jetzt kein Wort vom Einzelnen. Davon weiß ich noch gar nichts. Nur mußt Du wissen, unter welchen ungünstigen Umständen ich das Manuscript erhielt. Ich kam Freitags um 8 zu Hause und fand es. Den Sonnabend ist mein Vortragstag, wo ich um 11 parat sein mußte. Ich hoffte es vorher noch zu endigen, aber ein böser Geist führt mir den allerfatalsten Besuch über den Hals, den ich nicht abweisen konnte... Ich nahm die letzten Bogen auf die Canzelei, und las, bis ich zum Vortrag gerufen wurde. Dies geschah im fünften Act des Wallenstein. – Den Rest las ich zu Hause vor Tische.

Und nun leb' wohl für heute. Sobald ich Dir etwas Vernünftiges zu schreiben weiß, ein Mehreres.

Herzliche Grüße von Minna und Dora. – Ihnen soll das Werk heute förmlich producirt werden. Doch hat sich Minna das Naschen nicht versagen können.

Dein Körner.

***

Friedrich Schiller an Christian Gottfried Körner

Jena 8 May 99 Mittwoch.

Ich habe Deinen lezten Brief unter den Weimarischen Zerstreuungen erhalten, und er war mir desto mehr willkommen, da mir das fade Schwatzen über diesen Gegenstand in Weimar eine ernste und gründliche Stimme zum Bedürfniß machte. (Körner sandte Schiller am 9. April ein detailliertes Urteil über den „Wallenstein" – C. T.) ...

Der Wallenstein hat auf dem Theater in Weimar eine außerordentliche Wirkung gemacht, und auch die unempfindlichsten mit sich fortgerissen. Es war darüber nur Eine Stimme und in den nächsten acht Tagen ward von nichts anderm gesprochen.

Jetzt bin ich gottlob wieder auf ein neues Trauerspiel fixiert, nachdem ich 6 Wochen lang zu keiner Resolution kommen konnte. Dießmal sollst Du das Sujet nicht eher als mit dem vollendeten Werk erfahren. (Es handelt sich um „Maria Stuart" – C.T.) Ich hoffe am Ende des Winters allerspätestens damit fertig zu seyn, denn fürs erste ist der Gegenstand nicht so widerstrebend als Wallenstein, und dann habe ich an diesem das Handwerk mehr gelernt....

Meine Gesundheit hält sich noch recht brav, ich hoffe sie soll sich diesen Sommer noch mehr bevestigen. Göthe hat sich jetzt Equipage angeschafft, und fährt mich alle Tage spazieren, wir ziehen dieser Tage auch wieder in den Garten, was Ihr ohne Zweifel auch bald thun werdet...

Wir umarmen euch herzlich

Dein S.

***

Friedrich Schiller an Christian Gottfried Körner

Jena 9. Aug. 99. Freitag.

Mein langes Stillschweigen wird Dir ohne Zweifel schon bewiesen haben, daß ich über die Ohren in meiner neuen Arbeit stecke und so ists auch. Ich habe mich in den zwei lezten Monaten von allen andern Dingen abgezogen um so rasch als möglich in das Innerste meines Geschäfts zu kommen, und ich bin auch auf gutem Weg dazu. Ein Drittheil der neuen Tragödie habe ich schon hinter mir, und das schwerste vom Ganzen. Ich bin nun sicher, daß ich mich im Stoff nicht vergriffen habe, ob man gleich glauben sollte, daß ein so allgemein bekannter und tragischer Stoff, eben weil er noch von keinem guten Poeten benutzt worden, einen geheimen Fehler haben müsse. Meine Gesundheit und der Auffenthalt im Garten kommen mir gut zu statten, auch die Einsamkeit, die ich seit mehrern Monaten genieße, denn auch Göthe ist diesen Sommer nicht hier gewesen, weil der Schloßbau in Weimar ihn nicht wegläßt. Ich erwarte ihn aber in einigen Wochen.

In Weimar war ich bei des Königs von Preußen Anwesenheit und habe mich dem königlichen Paar auch präsentieren müssen. Die Königin ist sehr grazios und von dem verbindlichsten Betragen. Der Wallenstein wurde gespielt und mit großer Wirkung. Was mich bei allen Vorstellungen, die ich von diesem Stück seitdem gesehen habe, verwunderte und erfreute, ist, daß das eigentlich poetische, selbst da wo es von dem dramatischen ins lyrische übergeht, immer den sichersten und tiefsten Eindruck allgemein hervorbrachte.

Weil ich mich für die nächsten 6 Jahre ganz ausschließend an das dramatische halten werde, so kann ich es nicht umgehen, den Winter in Weimar zuzubringen um die Anschauung des Theaters zu haben. Dadurch wird meine Arbeit um vieles erleichtert werden, und die Phantasie erhält eine zweckmäßige Anregung von aussen, da ich in meiner bisherigen isolierten Existenz alles, was ins Leben und in die sinnliche Welt treten sollte, nur durch die höchste innre Anstrengung und nicht ohne große faux frais zu Stande brachte. Ich werde meinem Herzog zu Leibe rücken, daß er mir Zulage giebt, um eine doppelte Wohnung und Einrichtung und den theurern Auffenhalt in Weimar mir zu erleichtern.

Uebrigens aber sind die dramatische Arbeiten auch die lucrativsten für mich, weil ich jedes Stück von mehrern Bühnen bezahlt bekomme und der Verleger mir auch mehr als für jede andre Arbeit dafür geben kann. Außerdem sind mir von einem Londner Buchhändler Anträge geschehen, mir für jedes Mscrpt das ich noch ungedruckt nach England zum Uebersetzen schikke 60 Pfund zu bezahlen unter der einzigen Bedingung daß das englische 14 Tage früher erscheint als das Original in Deutschland...

Lottchen hat vielleicht schon geschrieben, daß unsrer kleinen Familie gegen Ende des Herbsts ein Zuwachs bevorsteht. Möge nur alles glücklich von statten gehen. Während der Schwangerschaft hat die arme Lotte immer viel von Krämpfen zu leiden...

Dein Sch.

***

Christian Gottfried Körner an Friedrich Schiller

Dresden den 14. Aug. 99 Mittwoch.

Ich wünsche Dir Glück zum Fortgang Deiner neuen Arbeit die gewiß durch die Schnelligkeit, mit der Du fortrückst, gewinnen wird...

Da Du Dich jetzt auf einige Zeit fürs dramatische Fach bestimmt hast, so werde ich darauf ausgehen, Dir einen Vorrath von Geschichten zusammenzubringen, aus denen Du künftig wählen kannst. Die neuere Geschichte und das Mittelalter haben freylich den Vortheil, daß uns das Costum weniger fremd ist, daß mancher Nebenzug benutzt werden kann, der die Illusion befördert, daß die Gedanken und Empfindungen sich mehr den unsrigen nähern. Aber in der alten Geschichte giebt es gewisse Züge von einfacher Hoheit, die es wohl verdienten daß Du einmal auch an einem solchen Stoffe Deine Kräfte versuchtest...

Daß Du den Almanach aufgiebst, kann ich Dir freylich nicht verdenken, wenn er Dir soviel Beschwerde macht. Aber Schade ists doch. So manches kleine Gedicht von Dir und Göthe wäre vielleicht ohne diesen äussern Anlaß nicht entstanden. Ich weiß wohl daß der Almanach euch nicht begeistert hat, aber manche vorhandne dichterische Idee wäre vielleicht bloß ein Gegenstand des Gesprächs zwischen Dir und Göthe, und unausgeführt geblieben, wenn ihr nicht eine Lücke im Almanach auszufüllen gehabt hättet...

Zur Vermehrung Deiner Familie wünsche ich Dir Glück. Deine Knaben sollen sehr munter und hübsch seyn. Könnten wir uns nur einmal wiedersehen! Jetzt kannst Du Deiner Gesundheit wegen schon eher eine Reise unternehmen. Bey mir sind andre Hinderniße bey meiner jetzigen Stelle, die ich wenigstens in diesem Jahre noch nicht überwinden kann...

Und nun lebe wohl...

Dein Körner.

***

Friedrich Schiller an Christian Gottfried Körner

Jena, 26. Sept. 99. Donnerstag.

Es ist nun ausgemacht, daß ich die nächsten Winterhalbjahre in Weimar zubringe; der Herzog hat mir 200 rth. Zulage gegeben und ich erhalte auch etwas Holz in natura, welches mir bei dem theuren Holzpreiß in Weimar sehr zu statten kommt. Ich werde also verschiedene Veränderungen in meiner Lebensweise erleiden, und besonders mehr als bißher in Gesellschaft leben. Obgleich Weimar ein theurerer Ort ist als Jena, so kann ich von dem was mich der dortige Aufenthalt auf 6 Monate jährlich mehr kostet, doch alles das abrechnen, was es mich in Jena kostete, ein kleines Haus zu machen. Denn da ich nicht ausgehe, so sah ich alles bei mir, und mußte oft bewirthen. Dieß fällt in Weimar weg, und ich gewinne mithin die zugelegten 200 rth. ganz.

Der Wallenstein hat uns auch noch ein ansehnliches Präsent in einem silbernen Kaffee Service eingetragen, von der regierenden Herzogin; und so haben sich die Musen dießmal gut aufgeführt...

Es wäre recht schön, wenn Du mir Stoffe für dramatische Arbeiten zuführen könntest, denn an Stoffen fehlt mirs am meisten. Vor der Hand bin ich aber die historischen Sujets überdrüssig, weil sie der Phantasie gar zu sehr die Freiheit nehmen, und mit einer fast unausrottbaren Prosaischen Trockenheit behaftet sind...

Herzliche Grüße von Lotten an euch alle. Sie befindet sich bei ihrer Schwangerschaft leidlich, ich habe vor 3 Wochen eine Reise mit ihr nach Rudolstadt und Weimar gemacht, wir sind erst seit 10 Tagen wieder hier...

Dein Sch.

***

Friedrich Schiller an Christian Gottfried Körner

Jena 1 Nov. 99 Freitag.

Dein Brief, lieber Körner, fand mich in einer höchst traurigen Lage. Meine Frau ist seit 3 Wochen von einer Tochter entbunden, die Niederkunft war schwer, gieng aber doch glücklich von statten, bald aber in den ersten Tagen zeigte sich ein Nervenfieber mit heftigem Phantasieren und Beängstigungen, der weiße Friesel schlug sich dazu und jezt liegt sie seit 10 Tagen ohne Besinnung und hat öfters phrenetische Anfälle. Seit vorgestern zwar erklärt der Arzt sie außer Lebensgefahr, auch versichert er uns daß ihre Kopfkrankheit keine daurende Folgen haben werde, aber der Zustand ist nichts desto weniger schrecklich, oft fürchte ich das schlimmste, und wenn es noch so gut geht, so droht eine lange Schwächung nach zu folgen.

Du kannst Dir denken, was ich bei diesen Umständen leide. Doch ist meine eigene Gesundheit biß jezt noch gut, ob ich gleich fast eine Nacht über die andere wache und des Tags nicht von ihrem Bette komme, denn niemand als mich und ihre Mutter duldet sie um sich. Stark, unser Arzt, hat das mögliche gethan, und wenn sie gerettet wird so ist es sein Werk. Seit heute werden kalte Umschläge um den Kopf angewendet, die Wirkung zu thun scheinen, denn sie hatte einige Augenblicke, wo sie ihre Mutter und mich erkannte, auch schlief sie einige Stunden.

Gebe der Himmel, daß ich Dir in 8 Tagen etwas erfreulicheres schreiben könne!

Tausendmal umarme ich euch

Dein Sch.

***

Christian Gottfried Körner an Friedrich Schiller

Dresden den 6. Nov. 99. Mittwoch.

Daß wir alle herzlichen Antheil an Deiner traurigen Lage nehmen wirst Du uns zutrauen. Schreib uns ja mit nächster Post nur ein Paar Zeilen, wie es Deiner guten Frau geht. Da die übeln Zufälle erst kurz nach der Niederkunft entstanden sind, so hängen sie wohl mit den gewöhnlichen Uebeln der Wöchnerinnen zusammen, und sind hoffentlich auch nicht von längerer Dauer. Vergiß Dich selbst nicht zu sehr. Deine Gesundheit schien seit einiger Zeit sehr gewonnen zu haben. Denke an das was Du Deiner Frau, nicht bloß in dem gegenwärtigen Augenblicke, und Deinen Kindern schuldig bist, und muthe Dir nicht zu viel zu.

Du schreibst nichts von Deiner Tochter. Hoffentlich ist das Kind gesund, und es freut mich daß Dein Wunsch auch eine Tochter zu haben nun erfüllt ist. Die Weiblichkeit in den Kinderjahren macht einen gar lieblichen Eindruck, der mir an meiner Emma oft sehr wohl thut. Auch Du würdest an ihr jetzt viel Freude haben. Sie macht im Zeichnen beträchtliche Fortschritte und zeigt überhaupt viel Fähigkeit und Ernst bey allem was sie unternimmt. Dabey ist sie glücklicher Weise ein unbefangenes heiters Geschöpf geblieben, und wenn sie von der Gallerie nach Hause kommt, wo man über ihr Copiren ihr viel schönes gesagt hat, spielt sie mit ihrer Puppe, als ob nichts vorgefallen wäre...

Ein mehreres nächstens, wenn Du ruhiger bist um etwas dieser Art zu lesen.

Dein Körner.

***

Friedrich Schiller an Christian Gottfried Körner

Jena 18 Nov. 99. Montag.

Seit einigen Tagen beßert es sich mit meiner Frau, aber langsam und mit kaum merklichen Schritten. Sie scheint sich und ihren Zustand mehr zu fühlen, zeigt mehr Aufmerksamkeit und Antheil für die Dinge, die sie umgeben und das Gedächtniß fängt auch an, sich wieder einzustellen, obgleich die Phantasie noch gar nicht beruhigt ist und ihre Phantasmata in alles einmischt. Der Arzt versichert übrigens, daß zwischen jetzt und den nächsten zehn Tagen eine entscheidende und gute Veränderung erfolgen werde.

Das Kleine hat sich immer vortreflich befunden und ist ein allerliebstes Kind. Es hat eine Gesunde und heitre Amme, die einen glücklichen Einfluß auf seine Gesundheit hat. Der Anblick dieses gesunden und fein gebildeten Kindes hat uns in den bißherigen Leiden oft erheitert.

Lebe recht wohl. An Minna und Dorchen herzliche Grüße.

Dein Sch.

***

Friedrich Schiller an Christian Gottfried Körner

Weimar 5. Jan. 1800. Sonntag.

Die Unruhen und Zerstreuungen in den ersten Wochen meines Hierseyns haben mich nicht zum Schreiben kommen lassen, ich weiß nicht einmal, ob ich Dir von hieraus schon geschrieben. Mit meiner Frau ist es fortdaurend gut gegangen, sie befindet sich jezt vollkommen wohl, und man sieht ihr die schwere Krankheit gar nicht mehr an. Auch die Kinder sind immer gesund gewesen. Uebrigens gefällt es mir hier ganz wohl, ich sehe mehr Menschen und die, welche mir lieb sind, habe ich näher. Göthen seh ich alle Tage. Gearbeitet habe ich auch schon viel an meinem Stücke und werde gegen Ende Februars doch vielleicht noch damit fertig, wenn ich mich ferner dazu halte...

Ich stecke jezt sehr in Planen und muß auch fleißig dahinter her seyn, denn der hiesige Auffenthalt ist sehr viel theurer als ich gedacht. Doch will ich lieber mehr zu verdienen suchen als die Vortheile des Orts missen, die auch für mein innres Wesen von Bedeutung sind. Jena war kein Platz mehr für mich, nichts war dort, was mich aufregen konnte. Es ist hier zwar auch nicht viel Geist in Circulation, weil aber viele müßige Leute hier sind, so ist ein Bedürfniß da, den Geist zu reizen,und so kommt denn natürlich die Reihe zuerst an Poesie und Kunst.

Lotte grüßt herzlich und wird nächstens wieder selbst schreiben. Tausendmal umarme ich euch

Dein Sch.

Anna Maria Jakobine (Minna)
Körner, geb. Stock

Johanna Dorothea (Dora) Stock

Ludwig Ferdinand Huber

Silberstiftzeichnungen von
Johanna Dorothea Stock, 1784

Christian Gottfried Körner.
Miniaturgemälde von Adam Fr. Oeser

Johann Christoph Friedrich von Schiller (1759-1805).
Gezeichnet von C. Schmidt, Stahlstich von Carl Mayer

Schillers Garten bei Jena.
Stich von Unbekannt.

Körners Weingut in Loschwitz.
Aquarell von Unbekannt.

Nachwort

Der Briefwechsel zwischen Friedrich Schiller und Christian Gottfried Körner begann im Juni 1784 und endete im Mai 1805 mit Schillers frühem Tod.

Körner hatte gemeinsam mit Ferdinand Huber und den Schwestern Minna und Dora Stock dem unbekannten Dichter einen huldigenden Brief und ein Päckchen mit von Dora Stock gemalten Miniaturporträts, einer eigenen Komposition des Amalienliedes aus den „Räubern" und einer gestickten Brieftasche nach Mannheim geschickt. Ihre Sendung war anonym über den Verleger Schwan erfolgt. Erst von dessen Kompagnon Götz erfuhr Schiller die Anschrift seiner Verehrer. Die vier waren eng befreundet, an Literatur und Kunst interessiert und wollten den jungen Dichter gern für ihren Freundschaftsbund gewinnen. Es war zu jener Zeit Sitte, sich einem solchen Zirkel anzuschließen. Das ausgehende 18. Jahrhundert war die Zeit der Empfindsamkeit, in der Verbünde und Kreise entstanden, die sich gegen die das Gefühlsleben verdrängende Vernunft zur Wehr setzten und Innigkeit und Gefühlsstärke lebten. Man duzte sich und teilte einander die leisesten Seelenregungen mit. In diese Zeit gehören auch die Salons, die sich Intellektuellen aus den adligen und bürgerlichen Schichten öffneten und in denen eine rege Gesprächskultur herrschte. Körners Haus in Dresden war in späteren Zeiten eines der gesuchtesten gesellschaftlichen Zentren. Viele Große der Zeit waren dort zu Gast.

Schiller hatte sich sehr über den Brief der ihn verehrenden Leipziger Freunde gefreut, wie er Henriette Wolzogen, einer mütterlichen Freundin, mitteilte. Da es ihm aber sehr schlecht ging, er keine Anstellung, aber Schulden hatte, antwortete er erst ein halbes Jahr später, als er keinen anderen Ausweg mehr sah. „Ihre Briefe, die mich unbeschreiblich erfreuten und eine Stunde in meinem Leben auf das Angenehmste aufgehellt haben, trafen mich in einer der traurigsten Stimmungen meines Herzens... Meine damalige Gemüthsverfassung war diejenige nicht, worin man sich solchen Menschen, wie ich Sie mir denke, gern zum erstenmal vor's Auge bringt." (7. 12. 1784) Dann aber versicherte er den vier Freunden und Verehrern, dass er sich nach ihrer Nähe sehne. Enthusiastisch und etwas gespreizt stellte er sich vor: „Wenn Sie mit einem Menschen vorlieb nehmen wollen, der große Dinge im Herzen herumgetragen und kleine gethan hat; der bis jetzt nur aus seinen Thorheiten schließen kann, daß die Natur ein eigenes Project mit ihm vorhatte; der in seiner Liebe schrecklich viel fordert und bis hierher noch nicht einmal weiß, wieviel er leisten kann; der aber etwas anderes mehr lieben kann als sich selbst, und keinen nagenden Kummer hat, als daß er das so wenig ist, was er so gern sein möchte – wenn Ihnen ein Mensch wie dieser lieb und theuer werden kann, so ist unsere Freundschaft ewig, denn ich bin dieser Mensch." (10. 2. 1785) Dann gestand Schiller den vier Freunden seine prekäre finanzielle Situation. Nach über einem Jahr als Theaterdichter in Mannheim hatte er sich mit dem Ensemble und seinem Direktor überworfen; sein Vertrag war nicht verlängert worden, er hatte keine festen Einnahmen mehr.

Körner schickte Geld, damit Schiller sich aus Mannheimer Verbindlichkeiten lösen und nach Leipzig ziehen konnte. Am 17. April traf er in der Messestadt ein. Am 25. Mai 1785 lernten sich Schiller und Körner vermutlich auf der Beerdigung von Körners Mutter persönlich kennen, am 1. Juli 1785 vertieften sie diese Begegnung auf Schloss Kahnsdorf bei Borna. Sie einigten sich rasch, ihre Freundschaft unter ehrgeizige Ziele zu stellen. Friedrich Hebbel beschreibt das in einer Untersuchung des Briefwechsels: „Die wenigsten Menschen haben von einem wahren Freundschaftsverhältnis einen Begriff. Sie sehen nicht ein, daß ein solches Verhältnis eine Aufgabe ist, die von beiden Seiten mit Ernst und Anstrengung gelöst sein will, und daß es, statt im Genuß, in gemeinschaftlicher Tätigkeit, im gemeinschaftlichen Streben nach einem gleichen, aber auf doppeltem Wege von zwei, trotz aller Sympathie von einander verschiedenen Individuen zu erreichendem Ziel eine feste Basis haben muß, wenn es dauern soll." (Hebbel, S. 110)

Seiner großen Freude über das Zusammensein der fünf, vor allem aber über die persönliche und geistige Nähe zu Körner, verlieh Schiller in der „Ode an die Freude“ Ausdruck: „Wem der große Wurf gelungen, eines Freundes Freund zu sein...“. Er schrieb dieses Gedicht am 2. Juli 1785 in Gohlis noch ganz unter dem Eindruck des Kennenlernens Körners und schenkte es seinem Freund zum Geburtstag.

Kurze Zeit später reiste Schiller den Freunden nach Dresden nach, wo Körner am Oberkonsistorium angestellt war. Dort verbrachten sie gemeinsam zwei Jahre. Schiller lebte mit den Körners zusammen, mal in Dresden-Neustadt in großer Nähe ihres Stadthauses, mal in Loschwitz gemeinsam mit den Freunden im Körnerschen Weinberghaus am Rande Dresdens. Geschützt vor allen Unbilden, konnte Schiller in Ruhe am „Don Carlos“ arbeiten. Trotzdem suchte Schiller unabhängig vom Freund zu werden.

Im Juli 1787 entschied sich Schiller, die Freunde zu verlassen, um sich endlich auf eigene Beine zu stellen oder einen herzoglichen Gönner zu finden. Schiller reiste am 20. Juli nach Weimar, in Goethes und des Herzogs Carl August Nähe, ohne zu wissen, dass er nie wieder dauerhaft nach Dresden zurückkehren würde. So begann ein 18 Jahre währender Briefwechsel in teils längeren, teils kürzeren Intervallen.

Johann Wolfgang Goethe, Wilhelm von Humboldt und Christian Gottfried Körner waren diejenigen unter Schillers Freunden, die in seinem Leben und Schaffen eine sehr wichtige Rolle spielten. Die längste Freundschaft verband Schiller aber mit Körner. Als der Briefwechsel 1847 erstmals erschien, überraschte die Nachwelt der Stellenwert Körners in Schillers Leben. „Denn, wenn man auch voraus wissen konnte, daß der Schiller’sche Antheil an dieser Korrespondenz die Ansprüche, die Schillers Namen überall rege macht, nicht unerfüllt lassen würde, so war doch schwerlich Jeder darauf gefaßt, den trotz seiner Horen-Aufsätze und seines berühmten Sohnes immer im Hintergrund der Literatur verloren stehen gebliebenen Körner fast eben so vortheilhaft, wie seinen großen Freund selbst, hervortreten zu sehen. Das ist aber der Fall, und dieser Briefwechsel ist daher in jedem Sinne als eine Bereicherung unserer Literatur zu bezeichnen.“ (Hebbel, S. 92)

Christian Gottfried Körner kam aus einem protestantischen Elternhaus, der Vater war in seiner Eigenschaft als Superintendent und Prediger an der Thomaskirche eine der Säulen des Leipziger Geisteslebens. Christian Gottfried Körner hatte trotz einer sehr puritanischen Erziehung eine gute musikalische Ausbildung genossen, besaß eine schöne Bassstimme und komponierte später mitunter. Er hatte in Grimma die Landesschule besucht und in Göttingen und Leipzig Jura studiert, nicht aus Liebe zum Fach, sondern aus der Einsicht, einen Brotberuf ergreifen zu müssen. „Um diese Zeit mußte ich mich für eine der drei Fakultätswissenschaften bestimmen. Theologie würde mich gereizt haben, wenn nicht die Philosophie schon Zweifel in mir erregt hätte. Die unangenehmen Situationen praktischer Ärzte verleideten mir die Medicin. Jurisprudenz allein blieb übrig. Ich wählte sie als Brodstudium und angebliche Beschäftigung, aber mir ekelte vor dem buntscheckigen Gewebe willkürlicher Sätze, die trotz ihrer Widersinnigkeit dem Gedächtniß eingeprägt werden mußten. Ich suchte philosophische Behandlung rechtlicher Gegenstände, Entwicklung allgemeiner Begriffe, pragmatische Geschichte von den Ursachen und Folgen einzelner Gesetze und fand nirgends Befriedigung. Ich warf mich in das Studium der Natur nebst Mathematik und ihren Anwendungen auf die Bedürfnisse und Gewerbe der Menschen.“ (Stern, S. 4) Nach seinem Studium las Körner an der Universität Naturrecht, Politische Ökonomie und Technologie. Von 1779 bis 1781 war er Begleiter des Grafen Karl von Schönberg und bereiste England, Holland und die Schweiz, was seine Bildung abrunden sollte. Danach nahm er seine Lehrtätigkeit in Leipzig wieder auf. Das Universitätsleben behagte Körner auf die Dauer nicht, er wechselte 1781 ins Oberkonsistorium in Leipzig, ging 1783 als Rat des Oberkonsistoriums nach Dresden, was anfangs mit wenig Geld verbunden war, ihm aber Aufstiegschancen eröffnete.

Gegen den Willen der Eltern verlobte er sich 1782 mit der Tochter eines Kupferstechers, Minna Stock. Deren Schwester Dora war mit Ferdinand Huber verlobt, eine Ehe kam aber nie zustande, da Huber Dresden verließ und später Therese Forster heiratete. Die vier Freunde distanzierten sich daraufhin vom einstigen Mitglied ihres Bundes. Nach dem Tod der Eltern 1785 heirateten Minna Stock und Gottfried Körner. Er erbte ein beträchtliches Vermögen, das aber nicht für ein unabhängiges Leben mit Familie ausgereicht hätte. Mit Minna führte er eine harmonische Ehe, Dora blieb ein Leben lang bei ihnen wohnen. Es wurden zwei Kinder geboren, die Tochter Emma und der Sohn Theodor, der spätere Freiheitskämpfer und Dichter. Wie liebevoll Körner die Entwicklung seiner Kinder verfolgte, wird im Briefwechsel mit Schiller deutlich. Theodor Körner fiel als junger Mann in den Befreiungskriegen von 1813, seine Schwester Emma starb ebenfalls früh. Der Verlust der beiden Kinder war der größte Schmerz für das Ehepaar.

1798 wurde Körner als Geheimer Referendar ins Geheime Consilium der sächsischen Ministerkonferenz berufen. Als 1806 Napoleon Deutschland einnahm, zog sich Körner zurück und konzentrierte sich auf seine Liebe, auf Ästhetik, Literatur und Musik. Bald aber entwickelte er patriotische Haltungen. Mit einer kleinen Gruppe Gleichgesinnter versuchte er vergeblich, den sächsischen König vom Rheinbund zu lösen. Während der französischen Besatzung wohnte Ernst Moritz Arndt bei Körner. 1811 ließ Körner sich ans Appellationsgericht versetzen und beschäftigte sich mit staatswirtschaftlichen Fragen. Nach 1813 wurde er zu einem der wichtigsten sächsischen Beiräte des provisorischen russisch-preußischen Generalgouvernements des Königreiches. Er sorgte dafür, dass die alten Kulturinstitute der sächsischen Residenz erhalten blieben. So angenehm bescheiden Körner sich gab, so sehr gehörte er doch zu den einflussreichsten Persönlichkeiten seiner Zeit. Von vielen Menschen wurde seine Nähe gesucht. So schrieb Wilhelm von Humboldt an Körner: „Sie verzeihen mir ja wohl, wenn ich gern eine Gelegenheit suche, Ihnen zu sagen, welche innige Freude mir ihre Bekanntschaft gewährt hat. Gewiß hat Sie eigene Erfahrung selbst belehrt, welch ein seltner Reisegenuß es ist, auf ausgezeichnet interessante Menschen zu stoßen, und ich brauche Ihnen wohl nicht zu versichern, welch eine wohlthätige Erscheinung mir Ihr Haus war." (27. 10. 1793) Auch Heinrich von Kleist verkehrte viel im Hause Körner. Nach 1815 verließ Körner Dresden und zog nach Berlin. Als Staatsrat hatte er die Angelegenheiten der Wissenschaft, Kunst und des Unterrichts zu bearbeiten.

1812 gab Körner die Gesammelten Werke von Schiller heraus, später auch die seines bei Lützen gefallenen Sohnes Theodor. Außerdem erschien ein Band mit eigenen politischen und nationalökonomischen Aufsätzen. Auch blieb er ein Förderer junger Autoren.

Großen Raum nehmen in Schillers und Körners Gedankenaustausch ästhetische Fragen ein. Körner hatte schon früh versucht, Schiller für Kants Schriften zu begeistern. Jedoch erst der Aufenthalt in der Universitätsstadt Jena, wo gerade das „Kantfieber" herrschte, vermochte Schiller nachhaltig für Kant zu interessieren. Im Gegensatz zu Körner, der Kants Schriften nur las, vertiefte sich Schiller monatelang in die schwierige Materie. Dem Studium folgte der Versuch, in Abgrenzung von Kant die Schönheit als objektive Eigenschaft der Dinge zu definieren.

Schiller war auch Meister im knappen Beschreiben seiner Mitmenschen. Besonders gehäuft kann man das in den Briefen der ersten Weimarer Zeit nach 1787 finden, in denen er Körner all die Menschen vorstellte, die dort einen Namen hatten. Den größten Raum nahm dabei Goethe ein, obwohl dieser noch in Italien weilte, als Schiller in Weimar eintraf. Nach verschiedentlicher Schilderung des zwiespältigen Verhältnisses zu Goethe versuchte Körner, den Freund zu ermuntern, sich an Goethe zu reiben, wenn dieser erst wieder in Weimar sei, das könne für seine geistige Entwicklung nur von Vorteil sein. Als Schiller dann 1794 den Freundschaftsbund mit Goethe schloss, zeigte Körner menschliche Größe. Er neidete ihm die neue Nähe nicht, sondern freute sich mit Schiller, dass endlich das Eis zwischen beiden gebrochen war.

So sehr Schiller Körner immer wieder herausforderte, selbst zu schreiben, seine tiefe Kenntnis künstlerischer Werke in Aufsätzen und Kunstkritiken zu veröffentlichen, so wenig gelang das dem Freund. Körners berufliche Arbeit und sein gastfreundliches Haus hinderten ihn an größeren Arbeiten. Seine kritischen Beiträge finden sich fast ausschließlich in Briefen. Schiller nahm diese Tatsache einmal in einer kleinen Satire aufs Korn. In „Körners Vormittag“ wird ein Tag im Leben des Freundes geschildert, an dem sich Freunde, Kollegen und Lieferanten die Klinke in die Hand geben und Körner am Ende nur dazu kommt, sich rasieren zu lassen.

Immer wieder schmiedeten die beiden Freunde Reisepläne, um einander zu besuchen. Sie wollten sich ins „fleischliche Auge“ (Schiller) sehen, die Kinder kennenlernen und wie früher einige Zeit miteinander verbringen. Am 19. Juli 1787 verließ Schiller Dresden, im Sommer 1789 sahen sich die Freunde in Leipzig, im April und Mai 1792 in Dresden, im August 1794 in Weißenfels und im Frühjahr 1796 in Jena.

Den gesamten Briefwechsel durchdringen Schillers Berichte über seine Krankheit und Körners Zuspruch. Da der Dichter Arzt war, diagnostizierte er sich selbst, blieb dabei ein schwieriger Patient und war immer gewillt, Kuren mit viel Heftigkeit anzugehen. Körner mahnte immer zum Maßhalten, zur Geduld, zur Schonung und zur Freude an den Tagen oder Wochen der besseren Gesundheit.

In den Briefen unmittelbar vor Schillers Tod klingt so gar keine Vorahnung an. Schiller schrieb seinen letzten Brief an Körner am 25. April 1805: „Die bessere Jahreszeit läßt sich endlich auch bei uns fühlen, und bringt wieder Muth und Stimmung; aber ich werde Mühe haben, die harten Stöße seit neun Monaten zu verwinden, und ich fürchte, daß doch etwas davon zurückbleibt; die Natur hilft sich zwischen 40 und 50 nicht mehr so, als im 30ten Jahr. Indessen will ich mich ganz zufrieden geben, wenn mir nur Leben und leidliche Gesundheit bis zum 50. Jahre aushält... “

Mit Zartheit kondolierte Körner Charlotte, als ihn die furchtbare Nachricht erreichte: „Etwas zur Linderung Ihres Schmerzes beitragen zu können, darf ich nicht hoffen. Aber Leidende kommen gern zusammen und verstehen sich durch einen Händedruck und durch Blicke, für so etwas mögen diese Zeilen gelten...“

Zeittafel

1784	Juni Brief des Freundeskreises an Schiller
1784	7. Dezember Schillers Antwort
1785	17. April Schiller trifft in Leipzig ein
1785	25. Mai Vermutlich erste Bekanntschaft zwischen Schiller und Körner
1785	1. Juli Erste intensive Begegnung Schillers mit Körner
1785	2. Juli „Ode an die Freude“ von Schiller entsteht
1785	7. August Hochzeit Körners mit Minna Stock
1787	19. Juli Schiller verläßt Dresden nach Weimar
1787	6. Dezember Schiller lernt in Rudolstadt Charlotte v. Lengefeld kennen
1788	19. April Geburt von Körners Tochter Emma
1788	19. Mai bis 12. November Schiller weilt in Rudolstadt
1788	7. September Erste Begegnung zwischen Schiller und Goethe in Rudolstadt
789	21. Januar Schiller wird zum Professor für Geschichte an der Jenaer Universität ernannt
1789	26. Mai Antrittsvorlesung Schillers
1790	22. Februar Hochzeit Schillers mit Ch. von Lengefeld
1791	3. Januar Schwere Erkrankung Schillers in Erfurt
1791	23. Sept. Geburt von Körners Sohn Karl Theodor
1791	27. November Prinz Friedrich Christian von Holstein-Augustenburg bietet Schiller ein Geschenk von jährlich 1000 Talern über 5 Jahre an
1792	März Plan des „Wallenstein“ entsteht
1793	14. September Geburt von Schillers erstem Sohnes, Karl, in Schillers Heimat
1794	20. Juli Beginn der Freundschaft Schillers mit Goethe
1796	11. Juli Geburt von Schillers zweitem Sohn Ernst
1797	Anfang Juni Beginn der Balladendichtung
1798	Körner wird Geheimer Referendar im Consilium der sächsischen Ministerkonferenz
1799	26. April Beginn der Arbeiten zu „Maria Stuart“
1799	11. Oktober Geburt von Schillers Tochter Caroline
1799	Dezember Umzug Schillers nach Weimar

Quellenverzeichnis

Schiller Nationalausgabe
Bd. 25. Hrsg.: Eberhard Haufe, Weimar 1979
Bd. 26. Hrsg.: Edith Nahler und Horst Nahler, Weimar 1992
Bd. 27. Hrsg.: Günter Schulz, Weimar 1958
Bd. 28. Hrsg.: Norbert Oellers, Weimar 1969
Bd. 29. Hrsg.: Norbert Oellers und Frithjof Stock, Weimar 1977
Bd. 30. Hrsg.: Lieselotte Blumenthal, Weimar 1961
Bd. 33. 1. Teil. Hrsg.: Siegfried Seidel, Weimar 1989
Bd. 34. 1. Teil. Hrsg.: Ursula Naumann, Weimar 1991
Bd. 35. Hrsg.: Lieselotte Blumenthal und Günter Schulz, Weimar 1964
Bd. 36. 1. Teil. Hrsg.: Norbert Oellers, Weimar 1972
Bd. 37. 1. Teil. Hrsg.: Norbert Oellers und Frithjof Stock, Weimar 1981
Bd. 38. 1. Teil. Hrsg.: Lieselotte Blumenthal, Weimar 1975

Literaturnachweis

Alt, Peter-André: Schiller. Leben – Werk – Zeit. Eine Biografie, Minden 2000

Braeker, Marie: Chr. G. Körners ästhetische Anschauungen. Diss., Hagen in Westphalen 1928

Berghahn, Klaus L.: Schiller. Ansichten eines Idealisten, Frankfurt/Main 1986

Briefwechsel zwischen Schiller und Körner, hrsg. von Klaus L. Berghahn, München 1973

Danzel, Theodor Wilhelm: Zur Literatur und Philosophie der Goethezeit, neu herausgegeben von Hans Meyer, Stuttgart 1962, S. 218-245

Freiesleben, Hans: Aus Schillers sächsischem Freundeskreis. In: Jahrbuch der dt. Schillergesellschaft 25 (1981) S. 1-8

Harnack, Otto: Körners kritische Mitarbeit an Schillers Werken. In: Preußische Jahrbücher 65 (1890)

Hebbel, Friedrich: Sämtliche Werke, 11. Band Berlin 1903, Schillers Briefwechsel mit Körner 1848-49, S. 90-196

Jonas, Fritz: Chr. G. Körner, Berlin 1882

Körner, Christian Gottfried: Ästhetische Ansichten. Ausgewählte Aufsätze hrsg. von Joseph P. Bauke, Schiller-Nationalmuseum Marbach 1964

Körner, Christian Gottfried: Biographische Nachrichten über ihn und sein Haus. Aus den Quellen zusammengestellt von Dr. Fritz Jonas, Berlin 1882

Körner, Christian Gottfried: Gesammelte Schriften, hrsg. von Adolf Stern, Leipzig 1881

Marggraff, Hermann: Schillers und Körners Freundschaftsbund, Leipzig 1859

Schiller, Friedrich: Kallias oder über die Schönheit. Über Anmut und Würde, hrsg. von Klaus L. Berghahn, Stuttgart 1971

Schillers Briefwechsel mit Körner. hrsg. von Karl Goedeke, Leipzig 1878

Stockum, Th. C. von: Gottfried Körner als Berater Schillers. In: Neophilologus 39 (1955) S. 103-114

Bildnachweis

alle Abb. S. 155-S. 157, S. 158 unten: Schiller-Nationalmuseum, Deutsches Literaturarchiv in Marbach a. N.

Abb. S. 158 oben: Stadtmuseum Jena